MARCO POLO

Reisen mit Insider Tipps

AMSTERDAM

W0071057

Nordsee
Hamburg
Amsterdam • Berlin
GROSS-
BRITANNIEN NIEDER-
LANDE DEUTSCHLAND
London ○ LANDE
○ Brüssel Frankfurt
BELGIEN ○ a.M.
LUX.
○ Paris
FRANKREICH

MARCO POLO Autorin Anneke Bokern

Die freie Journalistin lebt seit 2000 in Amsterdam, wo sie die Meernähe lieben und Buttermilch zum Mittagessen tolerieren lernte. Sie schreibt über niederländische Architektur und Design. Wenn sie nicht am Schreibtisch sitzt, findet man sie gerne auf dem Noordermarkt und anschließend in ihrer Küche. Inzwischen ist es ihr fast gelungen, ihren deutschen Akzent im Niederländischen abzulegen.

www.marcopolo.de/amsterdam

Die besten Insider-Tipps → S. 4

INSIDER TIPP

Best Of ... → S. 6

Sehenswertes → S. 26

Essen & Trinken → S. 56

SYMBOLE

INSIDER TIPP ▶ Insider-Tipp

★   Highlight

● ● ● ●   Best of ...

☼   Schöne Aussicht

☺   Grün & fair: für ökologi-
sche oder faire Aspekte

(*)   kostenpflichtige Tele-
fonnummer

**PREISKATEGORIEN
HOTELS**

€€€ über 170 Euro

€€   120–170 Euro

€   bis 120 Euro

Die Preise gelten pro Nacht
für ein Doppelzimmer mit
Frühstück

**PREISKATEGORIEN
RESTAURANTS**

€€€ über 35 Euro

€€   20–35 Euro

€   bis 20 Euro

Die Preise gelten für ein
Menü ohne Getränke

Titelthemen: Den Grachtenring entdecken S. 80 | Spielplatz für Architekten S. 53, 98

INHALT

Einkaufen → S. 68

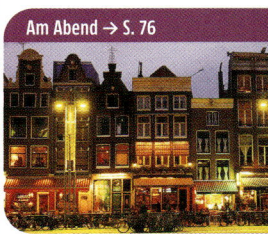
Am Abend → S. 76

Übernachten → S. 84

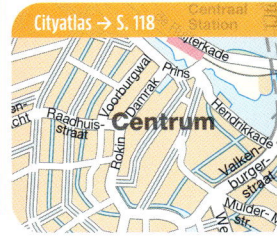
Cityatlas → S. 118

GUT ZU WISSEN
Vorhang frei! → S. 23
Entspannen & genießen
→ S. 32
Ajax → S. 40
Richtig fit! → S. 43
Jüdisches Leben → S. 45
Fremde Parkbewohner
→ S. 53
Spezialitäten → S. 60
Gourmettempel → S. 62
Bücher & Filme → S. 82
Luxushotels → S. 88
Wetter → S. 108

KARTEN IM BAND
(120 A1) Seitenzahlen und
Koordinaten verweisen auf
den Cityatlas und die Über-
sichtskarte Amsterdam mit
Umland auf S. 130/131
(0) Ort/Adresse liegt außerhalb des Kartenausschnitts
Es sind auch die Objekte mit
Koordinaten versehen, die
nicht im Cityatlas stehen
Einen Linienplan zu U-, S- und
Straßenbahn finden Sie im
hinteren Umschlag

UMSCHLAG HINTEN:
FALTKARTE ZUM
HERAUSNEHMEN →

FALTKARTE
(🗺 A–B 2–3) verweist auf
die herausnehmbare Falt-
karte

Die besten MARCO POLO Insider-Tipps

Von allen Insider-Tipps finden Sie hier die 15 besten

INSIDER TIPP **Heiß und knusprig**

Die *Garnelenkroketten* der *Bäckerei Holtkamp* sind eine stadtbekannte Spezialität → **S. 22**

INSIDER TIPP **Das Kreuzberg von Amsterdam**

Einst als Arbeiterviertel gebaut macht heute die kunterbunte Mischung aus Studentenkneipen, schicken Restaurants, Marktgetümmel und Asiashops die Anziehungskraft von *De Pijp* aus → **S. 49**

INSIDER TIPP **Malerisches Deichdorf**

Auf dem Land in der Stadt: *Nieuwendam* gehört heute zu Amsterdam, hat sich aber seine dörfliche Atmosphäre mit alten Holzhäusern bewahrt → **S. 54**

INSIDER TIPP **Umsonst und draußen**

Wer im Sommer in Amsterdams *Vondelpark* eines der vielen Konzerte besucht, kommt anschließend oft in den Genuss einer spontanen rauschenden Party unter freiem Himmel → **S. 102**

INSIDER TIPP **Fahrrad mieten und losstrampeln**

Auf einem *Mietfahrrad* erleben Sie Amsterdam wie ein Einheimischer → **S. 107**

INSIDER TIPP **Alles Käse**

Frau Antje werden Sie im *Kaashuis Tromp* wohl nicht treffen, dafür stapeln sich in dem kleinen Laden die vielen Käsespezialitäten bis unter die Decke → **S. 70**

INSIDER TIPP **Ungewohnt lecker**

Puccinis handgemachte Pralinen entfalten mit so unerwarteten Zutaten wie Muskatnuss, Pfeffer oder Gin ihre ganz eigene, köstliche Geschmacksmusik → **S. 71**

INSIDER TIPP **Futuristisches Schuhwerk**

Dem Design meint man die Verwandtschaft seines Schöpfers zum berühmten Architekten Rem Koolhaas anzusehen: Die Schuhkreationen von *United Nude* mit ihren ausgefallenen Absätzen sind in aller Welt begehrt → **S. 74**

INSIDER TIPP ▶ Grün sitzen, grün essen

In einem alten, 8 m hohen Gewächshaus serviert man im *De Kas* neu-holländische Bioküche – mit Zutaten aus dem eigenen Garten → **S. 61**

INSIDER TIPP ▶ Bar mit Ausblick

Zum Sonnenuntergang lohnt sich ein Besuch der *Skylounge* im Doubletree-Hotel auf dem Oosterdokseiland, wo einem Altstadt, Hafen und IJ zu Füßen liegen → **S. 77**

INSIDER TIPP ▶ Freilichtmuseum

Von den *Oostelijke Haveneilanden* legten früher die Dampfer nach Sumatra ab, heute stehen hier Paradebeispiele zeitgenössischer niederländischer Architektur → **S. 98**

INSIDER TIPP ▶ Geheimkirche unter dem Dach

„Unser lieber Herrgott auf dem Dachboden" heißt das Grachtenhaus nicht ohne Grund. Denn auf dem Dachboden versteckt sich eine *Geheimkirche* → **S. 35**

INSIDER TIPP ▶ Treibende Bungalows

Hübsch anzusehen sind sie allemal, Amsterdams malerische Domizile auf dem Wasser. Doch das wirkliche *Hausbooterlebnis* mit Schaukeln, Plätschern und allem Drum und Dran bekommt nur, wer auch eine Nacht darauf verbringt. Oder zwei oder drei … (Foto u.) → **S. 85**

INSIDER TIPP ▶ Stilvoller Tagesanfang

Palmen, Kronleuchter und Wandmalereien unterm Glashimmel: Nirgendwo sonst in Amsterdam isst sich das Frühstücksbrötchen stilvoller als im wunderschönen *Wintergarten des Luxushotels Krasnapolsky* → **S. 86**

INSIDER TIPP ▶ Schlafen mit Design

In die Herberge, in der eine Reederei einst ihre Auswanderer vor der Abfahrt in die neue Welt unterbrachte, hielten Kunst und Design Einzug. Heute nächtigen Sie in den individuellen Zimmern des prachtvollen *Lloyd Hotel* garantiert unkonventionell → **S. 89**

BEST OF ...

TOLLE ORTE ZUM NULLTARIF
Neues entdecken und den Geldbeutel schonen

● **Schützengemälde**
In einer überdachten Gasse hinter der Kalverstraat hängen in der *Schuttersgalerij* 15 riesige Gruppenporträts von Schützengilden aus dem Goldenen Zeitalter, die Sie ohne Eintritt bestaunen dürfen → S. 29

● **Parkkultur**
Im Sommer trifft sich im *Vondelpark* ganz Amsterdam zum Besuch eines der (kostenlosen) Konzerte auf der Freiluftbühne (Foto u.), zum Picknick oder zum Fußballspielen. In diesen Park geht man eben nicht wegen der Ruhe, sondern wegen der Geselligkeit → S. 52

● **Klassik am Mittag**
Die gratis zugänglichen „Lunchkonzerte" im *Concertgebouw* sind eine Amsterdamer Institution. Immer mittwochs um 12.30 Uhr können Sie einer Probe des Concertgebouworkest beiwohnen oder sich ein halbstündiges Konzert von jungen Talenten anhören → S. 82

● **Kino im Freien**
Auf einer kleinen Halbinsel am Westerdoksdijk findet jedes Jahr im August ein mehrwöchiges Kinofestival im Freien namens *Pluk de Nacht* statt. Nur wer zum Liegestuhl auch eine Wolldecke haben möchte, muss dafür bezahlen → S. 103

● **Galerien im Jordaan**
Wer sich zeitgenössische Kunst ansehen will, muss nicht immer Eintritt zahlen, sondern kann in Amsterdam auch einen Galerienspaziergang unternehmen. Die meisten renommierten Galerien, wie *Fons Welters*, *Annet Gelink* oder *Torch*, finden Sie in unmittelbarer Nähe zueinander im Jordaan-Viertel → S. 40, 71

● **Knallbunter Paradiesvogel**
Chinesen mögen es farbenfroh. Mitten zwischen den alten Backsteinbauten am Zeedijk thront der buddhistische *Fo-Guang-Shan-He-Hua-Tempel*. Hier dürfen Sie einen Blick in das religiöse Herz der Amsterdamer Chinatown werfen → S. 32

●●●● Diese Punkte zeichnen in den folgenden Kapiteln die Best-of-Hinweise aus

TYPISCH AMSTERDAM
Das erleben Sie nur hier

● Auf dem Rad durch die Stadt

Ohne Fahrräder ist Amsterdam nicht denkbar. Dank
vieler Verleihe können Besucher es den Einheimischen gleichtun. Besonders netten Service und
einen guten Latte Macchiato bietet *Star Bikes
Rental →* S. 107

● Wohnen an den Grachten

Amsterdams Grachtenhäuser sind mal
windschief und hutzelig, mal imposant
und vornehm. Schulter an Schulter säumen sie die Kanäle der Altstadt. Zwar be-
stehen alle aus Backstein, aber wenn Sie
genau hinschauen, gleicht keins dem anderen. Die prächtigsten Häuser finden Sie im
Gouden Bocht der Herengracht → S. 41

● Braune Cafés

Rundum holzvertäfelt, vor allem aber „gezellig" müssen sie
sein: die „braunen Cafés", die es in Amsterdam an fast jeder Ecke gibt.
Manch ein Beispiel dieser Kneipengattung ist, wie *De Oosterling* oder
't Smalle, mehrere hundert Jahre alt → S. 78, 96

● Königliches Datum

Seit Beatrix 2013 abdankte, ist der ehemalige Koninginnedag zum *Koningsdag* geworden. Nun feiern die Niederländer am 27. April ihren König Willem-Alexander. In Amsterdam wird der Tag mit einem stadtwei-
ten Flohmarkt begangen, der nachmittags in eine große Freiluftparty
übergeht. Man kleidet sich von Kopf bis Fuß in Orange und haut richtig auf den Putz → S. 102

● Brücken, Brücken, Brücken

Insgesamt 600 Brücken gibt es in der Altstadt, darunter als berühm-
testes Exemplar die hölzerne *Magere Brug* (Foto) über die Amstel. Wo
sich Reguliersgracht und Herengracht kreuzen, können Sie sogar 15
Brücken auf einen Blick sehen → S. 42

● Aus aller Herren Länder

Im Regal stehen thailändische neben surinamischen und indischen Lebensmitteln, aus der Stereoanlage schallt Salsamusik. Nirgends spürt
man mehr, wie kosmopolitisch Amsterdam ist, als in den *tokos,* den
kleinen exotischen Lebensmittelläden, die Sie z. B. rund um den Albert
Cuypmarkt finden → S. 69

TYPISCH

BEST OF ...

SCHÖN, AUCH WENN ES REGNET
Aktivitäten, die Laune machen

REGEN

- **Bibliothek neuen Stils**

  In der staatlichen *Openbare Bibliotheek* kann man nicht nur Bücher lesen, sondern auch herumspazieren, die Einrichtung mit niederländischen Designmöbeln bewundern, gratis im Internet surfen, Musik hören, in internationalen Zeitungen blättern und Kaffee trinken → S. 36

- **Unterwasserwelten**

  Ein Zoo ist kein naheliegendes Schlechtwetterziel, doch bei *Artis* ist das anders. Das historische Aquarium lockt mit Unterwasserwelten, der Schmetterlingspavillon mit farbenfrohen Flattertieren → S. 100

- **Kuschelkino**

  The Movies am Haarlemmerdijk ist Amsterdams ältestes Kino und noch ganz im Art-déco-Stil eingerichtet. Nach der Vorstellung gönnt man sich ein Bier in der gemütlichen Kinokneipe → S. 81

- **Shoppen im Postamt**

  Gebaut wurde das Einkaufszentrum *Magna Plaza* Ende des 19. Jhs. als Hauptpostamt. Heute beherbergt das imposante neogotische Gebäude edle Modeläden und Cafés rund um den großen Lichthof → S. 68

- **Ausflug in ferne Länder**

  Im *Tropenmuseum* wird die koloniale Vergangenheit der Niederlande lebendig, aber auch ein Eindruck vom heutigen Leben in exotischen Ländern vermittelt – inklusive Unwetter in der afrikanischen Savanne und Bootsfahrt durch einen Regenwald (Foto o.) → S. 49

- **Vom Rathaus zum Palast**

  König Willem-Alexander hält sich selten im *Koninklijk Paleis* auf, der ursprünglich als Rathaus gebaut wurde. Sehenswert sind die beeindruckenden Räume dennoch – allen voran der Bürgersaal, der das Universum mit Amsterdam als Mittelpunkt darstellt → S. 33

ENTSPANNT ZURÜCKLEHNEN
Durchatmen, genießen und verwöhnen lassen

● Art-déco-Sauna

Mitten im Grachtenring liegt die *Sauna Déco*. Die 600 m² große Saunalandschaft ist mit dem Art-déco-Interieur eines abgerissenen Pariser Kaufhauses eingerichtet. Zwischen Bleiglasfenstern und ornamentalen Leuchten entspannt es sich besonders gut → S. 32

● Hippie-Paradies im Neubaugebiet

Am östlichen Rand des Neubaugebiets IJburg liegt die Hippie-Oase *Blijburg aan Zee*. Am nett improvisierten Stadtstrand können Sie sich im Sommer Sonne, Wasser und süßem Nichtstun hingeben → S. 54

● Schwimmspaß

Amsterdams schönstes Schwimmbad, das *Zuiderbad*, hat außer einem einzigen Becken im historischen Gebäude nicht viel zu bieten. Aber genau das macht es so erholsam: Hier können Sie noch ganz in Ruhe einfach nur schwimmen → S. 43

● Wellness im Grünen

„Zuiver" ist das niederländische Wort für rein, und das sind Sie nach einem Aufenthalt im *Hotel Spa Zuiver* garantiert. Am Rand des Stadtwalds Amsterdamse Bos gelegen, erlaubt es Wellnessurlaub im Süden der Stadt – mit oder ohne Übernachtung → S. 90

● Gemütliches Café

Wie ein gestrandeter Wal liegt das *Nemo Science Center* im Oosterdok (Foto). Den terrassierten Rücken des Gebäudes können Sie hinaufgehen. Im Sommer erwartet Sie oben ein Freiluftcafé mit Sitzsäcken, das eine großartige Aussicht über die Altstadt bietet. Während Sie ein Glas Rosé schlürfen, amüsieren die Kleinen sich im Plantschbecken → S. 100

● Deichdorf in der Stadt

Wer dem Trubel von Amsterdam einmal entfliehen will, setzt sich am Hauptbahnhof in Bus 32 und fährt zum *Nieuwendammerdijk*. Jenseits des Flusses IJ findet man sich dort plötzlich in einem uralten Deichdorf wieder → S. 54

AUFTAKT

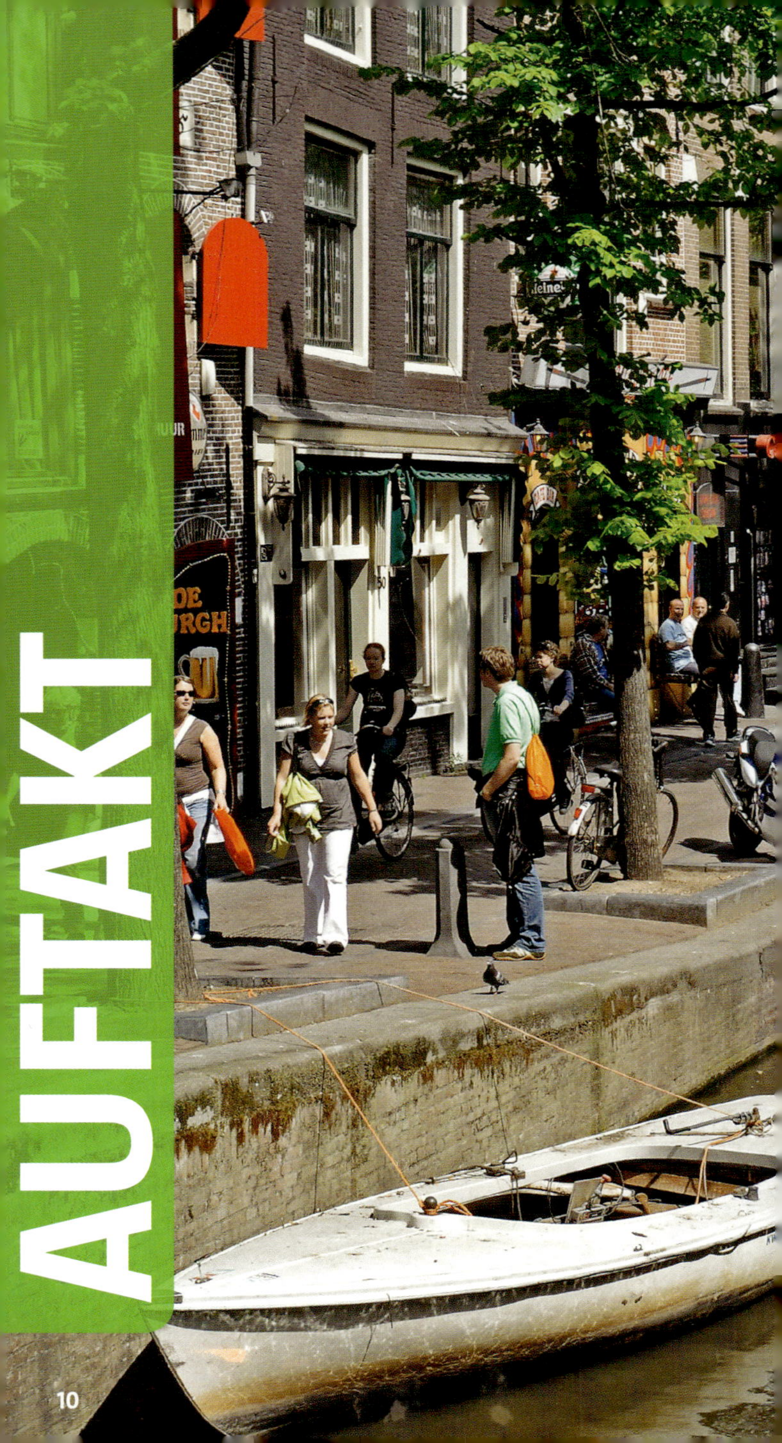

ENTDECKEN SIE AMSTERDAM!

Leicht windschief lehnen sich die schmalen Häuser aneinander. Ein Radler überquert auf seinem quietschenden Fahrrad die Brücke, vor dem Eckcafé sitzen Leute beim Milchkaffee in der Sonne. In der Ferne hört man die Straßenbahn über den Leidseplein rumpeln. „Eine schöne Stadt, Amsterdam. Auch der Verbannte bewundert die nobelschlichte Architektur der alten Patrizierhäuser, spürt den etwas verwunschenen Reiz der Grachten mit ihren venezianischen Gerüchen und Perspektiven", schwärmte bereits Klaus Mann in den 1930er-Jahren. Und wie damals der deutsche Schriftsteller, so erliegen auch heute noch jährlich Millionen Besucher dem Charme der Metropole an der Amstel.

Kein Wunder, denn Amsterdam ist eine unglaublich vielseitige Stadt. Alt und neu, ruhig und betriebsam, kunstsinnig und kommerziell, kleinstädtisch und kosmopolitisch – keine Beschreibung der Grachtenstadt kommt ohne Widersprüche aus. Mit annähernd 7500 denkmalgeschützten Bauten hat Amsterdam die höchste Dichte an historischen Monumenten in den Niederlanden zu bieten. Seit 2010 gehört der Grach-

Bild: Oudezijds Achterburgwal

tenring zum Unesco-Weltkulturerbe. In der Altstadt gibt es an jeder Ecke ein Stück Geschichte zu entdecken, von bebilderten Giebelsteinen über alte Schiffswerften bis hin zur Geheimkirche unter dem Dach eines Grachtenhauses.

Dank der kompakten Innenstadt kann man in Amsterdam, das sich über 90 Inseln erstreckt, wunderbar flanieren. Erst wer zu Fuß durch die backsteingepflasterten Gassen entlang der Grachten läuft, wird die Eleganz der schmalen, hohen Bürgerhäuser wahrnehmen, wird den Reiher auf dem Dach des Hausboots bemerken, hier und dort auf ein verborgenes *hofje* oder einen kleinen Antiquitätenladen stoßen. Das historische Ensemble des Grachtenrings ist über die Jahrhunderte hinweg komplett erhalten geblieben. 1999 wurde deshalb die gesamte Innenstadt unter Denkmalschutz gestellt. Aber auch in manchen anderen Gegenden, wie dem beinahe dörflich wirkenden Jordaan, scheint die Zeit stillzustehen.

> **Beinahe die Hälfte der Einwohner ist jünger als 35 Jahre**

Dass Amsterdam dennoch kein angestaubtes Freilichtmuseum, sondern eine überaus lebendige Stadt ist, liegt einerseits am unbefangenen Umgang der Holländer mit ihren Denkmälern – da wird schon mal eine Neonreklame an einen gotischen Treppengiebel gehängt –, andererseits aber auch an der ungewöhnlich internationalen und jugendlichen Bevölkerung. Die Hälfte der Amsterdamer stammt nicht aus den Niederlanden, und 41 Prozent der Einwohner sind jünger als 35 Jahre. Und so geht es in den Ausgehvierteln rund um Leidse- und Rembrandtplein stets turbulent

Einkaufsmeile Kalverstraat: Gesichter aus allen Kontinenten prägen das Stadtbild

zu, die Shoppingmöglichkeiten sind fast grenzenlos, und die Wahl zwischen den unzähligen Spezialitätenrestaurants fällt ungeheuer schwer.

Amsterdam hat zu jeder Jahreszeit seinen Reiz – ob im Sommer, wenn die Cafés ihre Tische auf die Straße stellen und sich eine beinahe mediterrane Atmosphäre ausbreitet, oder im Winter, wenn Nebelschleier über den Grachten hängen und die Brücken festlich beleuchtet sind. Zu den Hauptattraktionen gehören die drei großen Museen Rijksmuseum, Van Gogh und Stedelijk Museum mit ihren einzigartigen Kunstschätzen ebenso wie die vielen kleinen Läden, die *winkels,* im Stadtzentrum. Und nicht zuletzt trägt auch die offene und fröhliche Art der Bewohner dazu bei, dass Amsterdam ein beliebtes Ziel für Besucher aus aller Welt ist.

Die Mentalität der Amsterdamer, ihr Kaufmannsgeist und ihre sprichwörtliche Toleranz haben die Geschichte der niederländischen Hauptstadt entscheidend geprägt. Ihre Ursprünge liegen in einem sumpfigen Fischerdorf an der Mündung

Kaufmannsgeist und sprichwörtliche Toleranz

des Flusses Amstel in das IJsselmeer, das heute ein See ist, damals jedoch noch ein Arm der Nordsee war. Nachdem dem Flecken Amstelledamme 1275 Zollfreiheit gewährt worden war, erhielt er im Jahr 1300 die Stadtrechte und kontrollierte dank seiner Lage fortan den Warenverkehr zwischen der Nordsee und dem holländischen Hinterland. Ihr Geschäftssinn ließ die Amsterdamer jedoch stets nach mehr streben: Bald trieben sie Handel mit sämtlichen Ländern des Ost- und Nordseeraums. Zum Schutz gegen die Gezeiten begannen die Bewohner mit dem Bau einer Befestigungsanlage, den *wallen.* Im weitgehend erhaltenen ältesten Stadtviertel zwischen Oudezijds und Nieuwezijds Achterburgwal liegen heute die Chinatown und das Rotlichtviertel.

Gegen Ende des 16. Jhs. lösten sich die nördlichen Niederlande im 80-jährigen Krieg von der spanischen Herrschaft. Damals bereits erlangte Amsterdam den Ruf einer liberalen Stadt – und zog zahlreiche protestantische und jüdische Flüchtlinge aus Städten wie Antwerpen und Lissabon an, die noch immer spanisch besetzt waren. Diese Einwanderungswellen wohlhabender Kaufleute sorgten für eine Erweiterung der Handelsbeziehungen und läuteten so das sogenannte Goldene Zeitalter ein. 1602 wurde die Vereinigde Oostindische Compagnie (VOC) gegründet, die das Monopol auf den Seehandel mit Ostasien und Indien erhielt, 1621 kam die Westindische Compagnie hinzu, die für Amerika und die Westküste Afrikas zuständig war. In den folgenden 150 Jahren entwickelten sich die Niederlande zu einer der bedeutendsten See- und Handelsmächte Europas, und Amsterdam wurde zu einer wichtigen und reichen Hafenstadt, deren Lager mit Nelken, Zimt, Seide, Kaffee und Porzellan gefüllt waren. Innerhalb weniger Jahrzehnte stieg die Einwohnerzahl um das Fünffache.

Als die Stadt aus allen Nähten zu platzen drohte, begann man Anfang des 17. Jhs. den Grachtenring anzulegen: Reiche Kaufleute ließen sich außerhalb der alten *wallen* prächtige Domizile mit angeschlossenen Lagerhäusern an der Heren-, Keizers- oder Prinsengracht bauen. Gleichzeitig erlebten Kunst und Literatur eine Blütezeit. Die bedeutendsten Meisterwerke des Goldenen Zeitalters wie Rembrandts „Nachtwache" oder Vermeers „Milchmagd" kann man heute im Rijksmuseum bewundern – Zeugnisse einer protestantisch-bürgerlichen Kultur, in der Geschäftssinn und Offenheit gegenüber dem Andersartigen eine einträgliche Verbindung eingingen.

Coffeeshops und Homoehe prägen das Image der Stadt

Um 1700 zählte Amsterdam etwa 220 000 Einwohner und hatte den Höhepunkt seiner Blüte erreicht. Bereits um 1750 begann der Stern der Niederlande wieder zu sinken. Teils lag das am Erstarken anderer Länder als Seemacht, teils auch am Verwaltungswasserkopf der VOC. Erst Mitte des 19. Jhs. erholte sich die Wirtschaft wieder durch den Beginn der Industrialisierung und den Bau des Nordzeekanals, der Hochseeschiffen die Fahrt bis in den Amsterdamer Hafen ermöglichte.

Im Zweiten Weltkrieg wurden die Niederlande nach fünftägigen Kampfhandlungen von Deutschland besetzt. Aufgrund der raschen Kapitulation trug Amsterdam nur wenig Schaden davon, wurde jedoch später noch einige Male von fehlgeleiteten alliierten Bomben getroffen. Es formierte sich ein starker Widerstand gegen die deutsche Besatzung, der jedoch die beinahe vollständige Auslöschung der jüdischen Gemeinde nicht verhindern konnte.

In den 1970er-Jahren wurde Amsterdam zum Mekka für Hippies, Hausbesetzer und Aussteiger aus aller Welt. Im Vondelpark und auf dem Dam kampierten im Sommer Tausende Rucksacktouristen, und um 1980 lebten etwa 20 000 Hausbesetzer in der Stadt. Liberale Politiker bewirkten die Legalisierung sanfter Drogen, jede Randgruppe konnte nach ihrer Fasson glücklich werden. Dieser Ruf eilt Amsterdam auch heute noch voraus – nicht nur Tulpen und Grachten, sondern auch Coffeeshops und Homoehe haben das Image geprägt.

Seit einigen Jahren ändert sich die Mentalität jedoch und werden die Niederländer spürbar konservativer. Die rechtsliberale VVD ist die stärkste Partei im Parlament, das Hausbesetzen ist seit Ende 2010 illegal, und in den Grenzprovinzen sind Coffeeshops nur noch für Kunden mit niederländischem Wohnsitz zugänglich. Amsterdam fällt allerdings innerhalb der Niederlande wieder einmal aus dem Rahmen. Obwohl es auch in der Grachtenstadt zunehmend Kritik an der schlechten Integration und den hohen Arbeitslosenzahlen unter Immigranten aus Marokko und der Türkei gibt, stellen die Sozialdemokraten die Mehr-

heit im Stadtrat und sind die Coffeeshops noch immer frei zugänglich. Das Hausbesetzungsverbot wird hingegen durchaus umgesetzt, so dass die früher allgegenwärtigen, *kraakpand* genannten besetzten Häuser im Stadtbild immer seltener werden.

Was man dagegen immer mehr sieht, sind Kräne und Baustellen. Vor allem am IJ-Ufer hat sich in den letzten Jahren viel getan. Während im ehemaligen Hafengebiet östlich vom Hauptbahnhof bereits komplette neue Stadtviertel entstanden sind, ist die Entwicklung rund um das neue *Eye Filminstitut* am Nordufer und im alten Holzhafen im Westen der Innenstadt noch in vollem Gange. Auch von Nord nach Süd durchzieht die Stadt eine unübersehbare Kette von Baustellen: Hier entsteht eine neue Metrolinie, die 2017 eröffnet werden soll.

In der historischen Altstadt bekommt man davon aber nicht allzu viel mit. Amsterdam ist und bleibt eine überschaubare, ungewöhnlich entspannte, manchmal aber auch etwas chaotische Weltstadt mit etwa 790 000 Einwohnern. Am

Überschaubar, ungewöhnlich entspannt, manchmal chaotisch

liebsten bewegen sich die Amsterdamer noch immer ökologisch korrekt mit ihrem *fiets,* dem meist rostigen Fahrrad, fort. An Sommerwochenenden tuckert man gern in kleinen Booten mit einem Glas Rosé in der Hand durch die Grachten oder sitzt mit einer Tasse Kaffee auf dem Gehsteig vor dem eigenen Haus in der Sonne. Cafés sind ein wichtiger Teil des Lebens. Ob schummerige Pinten, kühle Designerbars oder kerzenbeleuchtete Kuschelhöhlen – Hauptsache, sie sind *gezellig.*

Dank seiner enormen Vielseitigkeit zieht Amsterdam ganz unterschiedliche Besuchertypen an. Wenn sich dann aber die Ulmen im Wasser der Grachten spiegeln und im Hintergrund das Glockenspiel der Westerkerk erklingt, sind sie alle gleichermaßen fasziniert.

Mit dem Boot bis vor die Tür: Wasser ist das beherrschende Element in der Stadt

IM TREND

1 Heimatküche

Private Dinner Sie laden in die eigene Wohnung und servieren auf Omas Geschirr. Homecooking steht hoch im Kurs bei den Amsterdamern. Allen voran Marit Beemster mit ihrem *Huiskamerrestaurant (Andreas Bonnstraat 34h | www.maritshuiskamerrestaurant.nl)*. Adrienne Eisma lädt ebenfalls zu sich *(The Cookery | Valeriusstraat 250 | www.thecookery.nl)*. Bei *Kookerij de Singel (Singel 317 | www.forkspoon.nl)* können Sie sich und Ihren Freunden ein köstliches homecooked meal servieren lassen.

Recycle Art 2

Kunst Amsterdams Künstler sind echte Zweitverwerter. Wie Leonard van Munster, der ein Baumhaus aus Abfall auf dem *Stedelijk Museum* balancierte *(www.leonardvanmunster.com) (Foto)*. Auch Robert Pennekamp macht Müll zu Kunst. So sammelte er unter dem Motto „Mach was Schönes aus dem Müll" Material für eine Skulptur *(www.robertpennekamp.nl)*. Jährlich steigt das *Trashville Festival (www.trashville.nl)*. Höhepunkt ist das Trash Race, bei dem nur Fahrzeuge, die vor Ort aus Müll gebaut wurden, starten dürfen.

3 Spot on

Trendviertel Der Reiz des Schmuddeligen: Immer mehr Betreiber von coolen Restaurants und Cafés entdecken das Rotlichtviertel wieder. Zu den neuen Etablissements, die sich zwischen Sexshops und Prostituiertenfenstern eingenistet haben, gehören das gemütliche Café-Restaurant *Mata Hari (Oudezijds Achterburgwal 22 | www.matahari-amsterdam.nl)*, das *Metropolitan Deli (Warmoesstraat 111 | www.metropolitandeli.nl)* und das angesagte *Restaurant Anna (Warmoesstraat 111 | www.restaurantanna.nl)*.

Gut unterwegs

Umweltfreundlich Die Grachten werden grün. Urlauber können die Wasserwege der Stadt auf umweltfreundliche Weise erkunden. Borden Sie einfach das emissionsfreie Boot der *Rederij Lovers (www.lovers.nl) (Foto)*. Die „Nemo H2" fährt mittels einer Brennstoffzelle auf Wasserstoffbasis und produziert keinen Lärm, Gestank oder Abgase. Eine gute Bilanz haben auch die Elektrotaxis der Stadt vorzuweisen. Äußerlich erinnern sie an Londoner Black Cabs, unter der Motorhaube schnurrt jedoch ein Elektromotor *(www.tcataxi.nl)*. Auch an der Bushaltestelle müssen Sie keine Umweltsünden fürchten. Die zur Klimastraße erklärte *Utrechtsestraat* verfügt über Wartehäuschen mit Photovoltaikanlage. Sie versorgen die Anzeigetafeln mit Strom.

Körpererfahrung

Abtauchen Beinahe meditativ ist das stehende Paddeln. Wer erstmal das Handwerkszeug lernen muss, macht an einem der drei wöchentlichen Kurse von *M & M SUP (www.mm-sup.com) (Foto)* mit. In den Sommermonaten organisieren sie auch die nächtlichen Paddelsessions *Night SUP*. Wer dabei nicht zur Ruhe kommt, geht floaten. Im schwerelosen Salzwassertank von *Koan Float (Herengracht 321 | www.koanfloat.nl)* kann der Kopf abschalten. Im Winter lockt auch die *Jaap-Eden-Eisbahn (Radioweg 64 | www.jaapeden.nl)* im Stadtteil Watergraafsmeer. Dort ziehen die Amsterdamer elegant und ausdauernd ihre Kreise, denn in den Niederlanden fährt man prinzipiell auf langkufigen Eisschnelllaufschuhen. Wer das ausprobieren möchte, kann dort auch Schlittschuhe ausleihen *(Ausweis oder 100 Euro Kaution mitbringen!)*.

STICHWORTE

BLUMEN

Wer in Holland zu einer Geburtstagsfeier oder einem Essen eingeladen wird, erscheint nie ohne Blumenstrauß. Seit Jahrhunderten gehören Schnittblumen, vor allem natürlich Tulpen, zur niederländischen Kultur und sind ein bedeutender Wirtschaftszweig. Jährlich werden Blumen im Wert von 8 Mia. Euro exportiert. Im Schnitt gibt jeder Holländer 76 Euro im Jahr für Blumen aus – eine ganze Menge angesichts der niedrigen Preise für Blumensträuße. Um die große Nachfrage zu befriedigen, gibt es in Amsterdam überall kleine Blumenstände.

COFFEESHOPS

Die Niederlande sind weltweit das einzige Land, in dem der öffentliche Verkauf von bis zu 5 g Cannabis toleriert wird. Illegal ist der Handel dennoch, er bleibt nur ohne Strafverfolgung – ein Widerspruch, der unter dem Begriff *gedogen,* Duldung, bekannt ist. Man will mit dieser Drogenpolitik eine Trennung der Märkte für weiche und harte Drogen bewirken. In Amsterdam kann man in etwa 100 Coffeeshops Softdrugs erstehen und konsumieren. Auf der Menükarte der meist intensiv duftenden Etablissements finden sich darüber hinaus Fruchtsäfte und Smoothies, aber kein Bier oder Schnaps – für den Ausschank von Alkohol bedarf es einer anderen Lizenz.

DUTCH DESIGN

Seit den 1990er-Jahren befindet sich das niederländische Design auf ei-

Hausboote, Monarchie und die Snackkultur: Charakteristisches, Bemerkenswertes und Kurioses in der Grachtenstadt

nem Höhenflug. In aller Welt sind die meist schnörkellosen, aber humorvollen Produkte von niederländischen Designern gefragt. Angefangen hat alles mit *Droog Design* (wörtlich: trockenes Design), einem Kollektiv junger Designer, das sich Mitte der 1990er-Jahre in Amsterdam formierte, um ein Gegenmodell zum geleckten Hochglanzdesign zu entwickeln. Innerhalb kürzester Zeit waren ihre ersten Entwürfe – darunter ein Sessel aus zusammengebunden Altkleidern, ein Lüster aus einem Bündel Glühbirnen

und eine Türklingel aus zwei Weingläsern – weltberühmt.

Inzwischen ist Dutch Design fast zur Marke geworden, und Droog Design hat einen beliebten Laden nebst Galerie in der Staalstraat eröffnet, in dem ungewöhnliche Produkte von jungen Designern verkauft werden. Der international erfolgreichste Ex-Droog-Designer Marcel Wanders fährt dagegen einen anderen Kurs: Er hat sich schnörkelreichem Neobarock verschrieben, der aber ebenfalls nicht ohne ein Augenzwinkern daherkommt. Seit 2009 residiert sein Designlabel *Moooi* in einer alten Schule im Jordaan. Dass er dieses Gebäude beziehen konnte, verdankt er unter anderem dem Amsterdamer Stadtrat, der die Designbranche seit einigen Jahren ganz bewusst fördert. Dazu gehören neben Festivals wie *Dutch Design Double,* das alljährlich im September stattfindet, auch die Ausstattung der gesamten neuen Stadtbibliothek mit niederländischen Designmöbeln und die gezielte Ansiedlung junger Designer im Rotlichtviertel, wo sich nun Ateliers in ehemaligen Bordellen befinden – und Bände darüber sprechen, in welche Richtung Amsterdam sich als Reiseziel gerne entwickeln möchte.

FAHRRÄDER

Über 550 000 Fahrräder soll es in Amsterdam geben. Rund ein Drittel der Amsterdamer bewegt sich stets mit dem Fahrrad fort – in der überschaubaren, aber ständig von Staus verstopften und zugeparkten Stadt ist das *fiets* das beste Verkehrsmittel. Radfahrer dürfen so ziemlich alles, sogar zu zweit nebeneinander fahren und Passagiere auf dem Gepäckträger mitnehmen. Nur auf die Beleuchtung wird seit einigen Jahren geachtet: Abends gibt es regelmäßig Lichtkontrollen für Radfahrer auf Amsterdams Straßen. Die meisten Drahtesel befinden sich in erbärmlichem Zustand. Das ist jedoch Taktik: Sieht ein Rad zu teuer aus, wird es im Handumdrehen gestohlen.

GRACHTEN

Amsterdam wird auch als „Venedig des Nordens" bezeichnet. Den Beinamen verdankt es den Grachten, die das Bild der Altstadt bestimmen. Früher dienten sie als Abwasserkanäle: Einmal täglich wurden die Schleusen geöffnet und das schmutzige Wasser in die Zui-

derzee, das heutige IJsselmeer, gespült. Auch heute wird das Wasser mehrmals pro Woche ausgetauscht. In den 1960er- und 1970er-Jahren wurden einige Grachten zugeschüttet, um den Verkehrsfluss in der Altstadt zu erleichtern. Einzig ihre Namen – Vijzelgracht, Lindengracht oder Palmgracht – zeugen noch davon, dass diese Straßen einmal Kanäle waren.

HAUSBOOTE

Mal sehen sie sehr gepflegt aus, mal heruntergekommen; mal sind es umgebaute alte Lastkähne, mal schwimmende Bungalows. 2400 Wohnboote dümpeln vor allem auf Singel und Prinsengracht. In den 1950er-Jahren kamen zuerst Studenten auf die Idee, dass ausgemusterte Schiffe hervorragende Wohnungen abgeben. Heutzutage werden Hausboote vor allem von Liebhabern und Exzentrikern bewohnt. Die Stadt hat die treibenden Häuser jedoch stets nur widerwillig hingenommen: Inzwischen ist es beinahe unmöglich geworden, einen Liegeplatz für ein neues Hausboot zu bekommen.

HET IJ

Hinter dem Hauptbahnhof liegt die große Wasserfläche des *IJ* (auszusprechen wie das deutsche Wort „Ei") und bildet die nördliche Grenze der Innenstadt von Amsterdam. Riesige Kreuzfahrtschiffe laufen von der Nordsee über das IJ ins Terminal ein, Frachtschiffe schippern vom Rheinkanal kommend in Richtung Amsterdamer Hafen, und kleine Fußgängerfähren kreuzen ständig nach Amsterdam-Noord. Was das IJ genau ist, ist schwer zu beschreiben. Ein Fluss? Ein Meeresarm? Ein See? Nichts davon trifft es wirklich. Vor 1932, als der Abschlussdeich im Norden Hollands noch nicht gebaut war, war das östlich von Amsterdam gelegene IJsselmeer noch die Zuiderzee und da-

Liebe Dein Hausboot! Amsterdamer lassen sogar ihr schwimmendes Zuhause erblühen

mit Teil der Nordsee. Het IJ war damals ein Seitenarm der Zuiderzee, also eine Meeresbucht. Ursprünglich endete sie westlich von Amsterdam in den Dünen; ein direkter Zugang zur offenen Nordsee wurde erst 1876 mit dem Nordseekanal geschaffen. Gleichzeitig wurden im Osten Amsterdams ein Damm und die Oranjeschleusen gebaut, die das IJ vom IJsselmeer trennen. Heutzutage wird das IJ meist als Fluss bezeichnet. Sein Wasser ist noch leicht brackig, aber gilt offiziell nicht mehr als Salzwasser. Heringe und manch andere Meeresfische fühlen sich darin trotzdem pudelwohl.

MONARCHIE

Die Niederlande sind eine konstitutionelle Monarchie. Das ist jedoch noch nicht allzu lange der Fall: Zwar herrscht bereits seit 1572 das Haus Oranien-Nassau über das Land, aber nach dem Freiheitskrieg gegen Spanien wurde Holland zunächst zur Republik. Etwa 200 Jahre lang besetzten die Oranier nur den Posten des Statthalters. Erst 1815, nach der Besatzung durch Napoleon, bestieg mit Wilhelm I. der erste König den Thron.

Es mag verwundern, dass ausgerechnet die pragmatischen Niederländer sich heute noch den Luxus eines Königshauses leisten. Aber ebenso wie ihre 2004 verstorbene Mutter Juliana, die als besonders volksnah bekannt war, ist Beatrix (geb. 1938), die 1980 den Thron bestieg und 2013 abdankte, bei den Niederländern äußerst beliebt. König der Niederlande ist nun ihr Sohn Willem-Alexander (geb. 1967), der in jungen Jahren wegen seiner Feierfreudigkeit als *prins pils* bekannt war. Das änderte sich jedoch, als er 2002 die bürgerliche Argentinierin Máxima Zorreguieta (geb. 1971) heiratete. Nun ist Máxima Königin und beina-

In Amsterdam werden überall drei Kreuze gemacht: auf Wappen, Kronen und Souvenirs

he so populär, wie ihre Schwiegermutter es zuvor war. Wann immer das Königspaar mit seinen drei blonden Töchtern Amalia (geb. 2003), Alexia (geb. 2005) und Ariane (geb. 2007) im Fernsehen erscheint, schießen die Einschaltquoten in die Höhe.

SNACKKULTUR

Kroket, frikandel, loempia und *patat oorlog* – so heißen die Stars der Amsterdamer Snackkultur. In Öl frittiert und lecker ungesund sind sie allesamt. Manche, wie *loempia* (zigarrenförmige Frühlingsrolle mit scharf-süßer Chilisauce), *bamischijf* (in Scheibenform gepresste und frittierte pikante Nudeln) und *patat oorlog* (Pommes mit Mayonnaise, Erdnusssauce und Zwiebeln) weisen kulinarische Einflüsse aus der Kolonialvergangenheit der Niederlande auf. Aber auch der urholländische *nieuwe haring*

(Matjeshering) ist Teil der ausgeprägten Fast-Food-Kultur, wird er doch selten als Hauptgericht, sondern meist als schneller Happen zwischendurch an einem Straßenstand verspeist.

Ihren Höhepunkt erlebt die Amsterdamer Snackkultur in der *automatiek,* einem Verkaufsautomaten für Heißes und Fettiges. Hinter kleinen Türchen schlummern Käsesoufflés, Hackbällchen und Nudelscheiben und warten darauf, dass jemand ein paar Euro einwirft, das Türchen öffnet und sie verspeist. Die bekannteste Snackbarkette mit *automatiek* heißt *Febo,* wurde bereits 1941 gegründet und findet sich in Amsterdam an fast jeder Ecke. Kenner schwören hingegen auf die hausgemachten **INSIDER TIPP** Garnelen- und Fleischkroketten der Bäckerei Holtkamp in der Vijzelgracht 15, die auch auf der Vorspeisenkarte manch eines guten Restaurants stehen.

TAKELBALKEN

Man sieht sie an fast jedem Haus, ob es 400 oder vier Jahre alt ist: Takelbalken. Die mit einem Haken versehenen Balken ragen meist über dem Dachfenster aus der Fassade. Sie sind keineswegs historische Artefakte, sondern werden noch heute benutzt. Die Treppen in Amsterdamer Häusern sind extrem schmal und steil, sodass man größere Gegenstände kaum hinaufbringt. Stattdessen leiht man beim Umzugsunternehmer eine Seilwinde, befestigt sie am Takelbalken und hievt Schränke, Klaviere und andere sperrige Dinge durch ein Fenster in die Wohnung.

XXX

Immer wieder begegnet man in Amsterdam einem Symbol aus drei übereinander stehenden Kreuzen. Es ziert nicht nur die Krone auf der Spitze des Westertoren, sondern auch den Giebelstein von Grachtenhäusern und vor allem die kleinen braunen, als Amsterdammertjes bekannten Pfähle, die in der Innenstadt die Gehwege von der Straße abgrenzen. Mancher Besucher vermutet, dass diese Kreuze etwas mit dem Rotlichtviertel und dem X-Rating von Filmen zu tun haben könnten – und in vielen Läden findet man auch mehr oder weniger witzige Souvenirs, die mit genau dieser Assoziation spielen.

In Wahrheit handelt es sich aber um die drei Andreaskreuze, die schon seit dem Mittelalter Teil des Amsterdamer Stadtwappens sind. Weshalb das Wappen ausgerechnet diese drei Kreuze zeigt, ist allerdings unklar. Vermutlich hat es damit zu tun, dass die meisten Einwohner Amsterdams im Mittelalter Fischer waren wie der Apostel Andreas. Ab 1505 mussten jedenfalls alle in Amsterdam registrierten Schiffe die Flagge mit den drei Kreuzen führen.

VORHANG FREI!

Drei Meter hohe Fenster ohne Gardinen sind an Amsterdamer Grachten keine Seltenheit. Viele Besucher wundern sich über die Offenherzigkeit der Niederländer, andere wissen von einer historischen Gardinensteuer zu berichten, die den sparsamen Amsterdamern die Vorhänge madig gemacht habe. Diese Steuer ist pure Legende. Zwar gab es im 19. Jh. eine Fenstersteuer, aber sie bezog sich auf die Zahl der Fenster, nicht auf deren Dekoration. Wahrscheinlicher ist, dass der Aufbau der Grachtenhäuser Gardinen unnötig machte. Zur Straße hin lag im Hochparterre meist ein repräsentativer Empfangsraum, in den Passanten ruhig hineinschauen durften.

Das private Wohnzimmer befand sich dahinter, vor neugierigen Blicken geschützt. Einige führen die Gardinenlosigkeit auf die kalvinistische Religion zurück: Ein guter Kalvinist hatte nichts zu verbergen und gewährte deshalb gern Einblick in sein Heim. Angesichts der edlen Designermöbel, die heute oft hinter den Fenstern teurer Grachtenhäuser zu sehen sind, scheint inzwischen auch eine gute Portion Besitzerstolz mitzuspielen. Der zielt allerdings nur auf die Bewunderung der Besucher ab, denn zu den kalvinistischen Spielregeln gehört auch, dass Niederländer selbst nie in anderer Leute Fenster starren – und seien sie noch so unverhängt.

DER PERFEKTE TAG
Amsterdam in 24 Stunden

10:00 ZWISCHEN GRACHTENRING UND WESTERKERK

Amsterdamer sind ausgesprochene Langschläfer – was durchaus Vorteile hat, denn morgens hat man die Stadt meist für sich allein. Der ideale Amsterdam-Tag fängt nicht vor zehn Uhr an, z. B. mit einem kleinen Frühstück im Café *Spanjer & van Twist → S. 58*. Im Sommer hat man bei *koffie verkeerd* (Milchkaffee) und Croissant auf der sonnigen kleinen Terrasse an der Leliegracht einen echten Logenplatz. Danach lockt ein Spaziergang durch den oft noch menschenleeren *Grachtenring → S. 38*. Schon ein kurzer Schlenker entlang Herengracht (Foto l.), Brouwersgracht und Keizersgracht vermittelt einen Eindruck von der einzigartigen Architektur der Brücken und Backsteinhäuser aus dem Goldenen Zeitalter. Dank der legendären *Gardinenlosigkeit → S. 23* kann man dabei auch einen Blick in manch ein marmorvertäfeltes Interieur mit Stuckdecke werfen. Wer mag, legt noch einen Abstecher ins ehemalige Armenviertel *Jordaan → S. 94* mit seinen engen Gassen und dörflicher Atmosphäre ein. Weiter geht es jedenfalls zur *Westerkerk → S. 43*, von deren Turm aus Sie in den Sommermonaten die kleinteilige, fast komplett erhaltene Amsterdamer Altstadt aus der Vogelperspektive begutachten können. Sie können am Fuß der Westerkerk auch ein Tretboot mieten und ein Stündchen lang die Grachten aus der Wasserperspektive erleben.

12:00 MEISTERWERKE GUCKEN

Ein kurzer Spaziergang durch die lauschige Bloemgracht, in der einst Rembrandt wohnte, führt zur Haltestelle der Straßenbahnlinie 10, die zum *Rijksmuseum → S. 50* fährt. 2013 wurde das Museum nach großem Umbau wiedereröffnet und ist nun wieder in alter Pracht zu bewundern. In den historischen Sälen kann man für ein paar Stunden ins Goldene Zeitalter abtauche. Vor allem unauffällige, kleine Genrebilder wie Jan Steens „Die Morgentoilette", das eine junge Frau beim Ausziehen ihrer Strümpfe zeigt, lassen das 17. Jh. verblüffend lebendig werden.

14:00 TURBULENTES MARKTLEBEN

So viel Kultur macht hungrig. Zum Glück ist der *Albert Cuypmarkt → S. 72* (Foto r.) nicht weit: Vom Südende des Museumplein fährt die Straßenbahn in die Albert Cuypstraat. Auf dem Freiluftmarkt im angesagten Viertel De Pijp stärken Sie sich mit lokalen Spezialitäten wie Matjeshering oder Pommes, während Markthändler ihre Waren lauthals in Amsterdamer Dialekt anpreisen, surinamische Frauen um den Preis von Süßkartoffeln feilschen und junge Eltern Designerkinderwagen durch die Menge schieben.

15:30 SHOPPINGMEILE

Vom östlichen Ende des Markts ist es nur ein Katzensprung in die *Utrechtsestraat* → S. 68 mit ihren netten Läden und Cafés. Es bietet sich eine kleine Shoppingtour an, denn hier gibt es alles, von Designermode und Dessous bis hin zu Käsespezialitäten und CDs. Allerdings sollte man kein allzu schlecht gefülltes Portemonnaie haben, denn die Straße liegt im Einzugsbereich des schicken Grachtenrings.

17:30 BIER, BITTERBALLEN UND RIJSTTAFEL

Gegen Abend versammeln sich in braunen Cafés wie *Wynand Fockink* → S. 79 die Angestellten aus den umliegenden Büros zum *borrel,* der meist aus einem Bier mit *bitterballen* besteht. Davon sollte man aber nicht zu viele essen, damit noch Platz für das Abendessen bleibt. Im Restaurant *Hotel de Goudfazant* → S. 61 im Hafengebiet im Norden trifft sich die kreative Szene bei neuholländischer Küche. Wer lieber im Zentrum bleibt, kann sich in einem der vielen indonesischen Restaurants ein *rijsttafel* genanntes Menü aus unzähligen kleinen, oft pikanten Gerichten gönnen – das übrigens keine indonesische Spezialität, sondern eine urholländische Erfindung ist.

23:00 CLUBS & CO.

Suchen Sie danach Unterhaltung, steuern Sie am besten den *Nieuwmarkt* → S. 35 an (Foto o. r.). Rund um den Platz mit der Stadtwaage gibt es viele Cafés und Kneipen. Neugierige treibt es von hier ins benachbarte Rotlichtviertel oder in die *Chinatown* → S. 32. Clubs finden Sie eher beim *Leidseplein* → S. 42 oder an unerwarteten, abgelegenen Orten wie in einer alten Zeitungsdruckerei an der Wibautstraat. Dort wird im *Club Trouw* → S. 79 zu den Klängen internationaler DJs getanzt, bis im Sommer die Sonne über den Dächern der Stadt aufgeht.

Tram zum Startpunkt: 13, 14, 17
Haltestelle: Westerkerk
Bester Zeitpunkt zum Start: vormittags

SEHENSWERTES

CITY ➤ WOHIN ZUERST?

Dam (120 B3) (⟨⟩ F3): Idealer Ausgangspunkt, um Amsterdam zu erkunden. Der historische Hauptplatz liegt in einer Achse mit dem Hauptbahnhof. Hier stehen das Nationaldenkmal, der Königliche Palast und die Nieuwe Kerk, hier finden sich das Traditionskaufhauf Bijenkorf wie der Anfang der Shoppingmeile Kalverstraat. Das nächste Parkhaus liegt zwar im Bijenkorf, günstiger und entspannender ist es aber, die 5 Minuten vom Bahnhof zu laufen oder mit der Straßenbahn zu fahren; die Linien 1, 2, 4, 5, 9, 13, 14, 16, 17, 24 und 25 halten am Dam.

Nicht weniger als 7500 Baudenkmäler hat Amsterdam zu bieten. Die meisten von ihnen liegen in bequemem Laufabstand zueinander in der Innenstadt – entweder in de Wallen, dem ältesten Stadtteil, oder im Grachtenring.

Niemand sollte die Stadt verlassen, ohne einmal ausgiebig durch Singel, Heren-, Keizers- oder Prinsengracht geschlendert zu sein. Aber auch manch ein neueres und unbekannteres Stadtviertel lohnt einen Abstecher. Wer einen ersten Überblick über Amsterdam bekommen möchte, sollte auf den ☀ Turm der Westerkerk steigen.

Auch wer die Highlights der niederländischen Kunstgeschichte sehen möchte, muss in der Stadt nicht lange suchen: Rijksmuseum, Van Gogh Museum

Kunst ist allgegenwärtig – in altehrwürdigen Kunsttempeln, hochmodernen Ausstellungshallen oder kuriosen Kleinstmuseen

und Stedelijk Museum, die drei wichtigsten Museen des Landes, liegen alle an einem Platz, dem Museumplein. Jahrelang waren sie aufgrund von Umbaumaßnahmen geschlossen oder nur teilweise zugänglich, aber nun kann man die Meisterwerke des Goldenen Zeitalters, des Impressionismus und der Moderne wieder bewundern. Während das Rijksmuseum in alter Pracht erstrahlt, hat das Stedelijk Museum einen auffälligen neuen Anbau in Form einer gigantischen Badewanne erhalten. Egal, was man von der

Architektur hält: Die Sammlungen der drei Museen sind absolute Weltklasse. Nicht nur für Kunstbegeisterte, auch für Handtaschenliebhaber, Geschichtsfans und Freunde des Skurrilen ist in Amsterdams Museen gesorgt. Wer nicht zu Fuß gehen mag, den bringt der *Canal Bus* von Tür zu Tür. Die drei Linien haben Haltestellen bei allen wichtigen Museen. Für 22 Euro können Sie bis 12 Uhr am folgenden Mittag nach Lust und Laune ein- und aussteigen, erhalten zudem Rabatt auf diverse Museumseintritte.

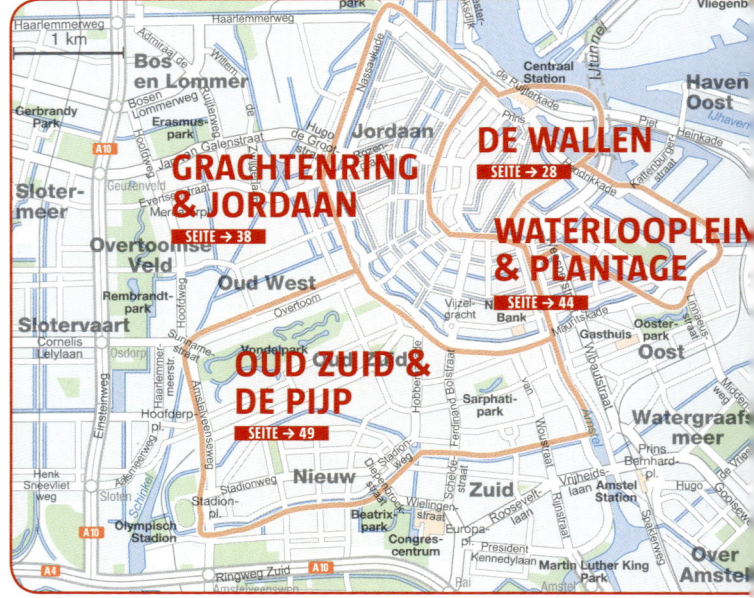

Die Karte zeigt die Einteilung der interessantesten Stadtviertel. Bei jedem Viertel finden Sie eine Detailkarte, in der alle beschriebenen Sehenswürdigkeiten mit einer Nummer verzeichnet sind.

Wollen Sie mehrere Museen besuchen, lohnt sich der Kauf einer *Museumkaart (MK, www.museumkaart.nl)*. Die Jahreskarte gewährt freien Eintritt zu den meisten großen Museen der Niederlande. Erwachsene zahlen 44,90 Euro, Besucher bis 24 Jahre 24,90 Euro. Die Karte kann man in jedem Museum kaufen und sofort benutzen. Bei Museen, die die *Museumkaart* akzeptieren, ist in diesem Reiseführer nach dem Eintrittspreis in Klammern der Hinweis MK ergänzt.

Empfehlenswert ist auch die *I amsterdam City Card,* die einen, zwei oder drei Tage lang freien Zugang zu den bekanntesten Museen Amsterdams gewährt und mit der Sie darüber hinaus die öffentlichen Verkehrsmittel gratis benutzen dürfen *(S. 109).*

DE WALLEN

Das mittelalterliche Zentrum Amsterdams *De Wallen* hat seinen Namen von den vier ältesten Grachten der Stadt: den früheren Stadtgräben Voor- und Achterburgwal, die jeweils die „oude" und „nieuwe zijde" der Stadt umgaben. Rund um diese Kanäle – von denen nur noch zwei übrig sind, denn die beiden Wasserläufe auf der „neuen Seite" wurden zugeschüttet – erstreckt sich heute ein bunt gemischtes, lebendiges Viertel, das historische Sehenswürdigkeiten und Shoppingzentren, die Rotlichtszene und Chinatown umfasst. Hier gibt es die älteste Kirche und die besten Asiaimbisse, aber auch die schmuddeligsten Ecken

Amsterdams. Entsprechend abwechslungsreich ist das Straßenbild: Touristen, Junkies, Amsterdamer Originale, Shoppende, Chinesen, Prostituierte und Studenten tummeln sich zwischen Neonreklamen und Grachtenhäusern. Die wirken hier viel weniger aufgeräumt als im schicken Grachtenring. Entstanden zwischen dem 14. und 16. Jh., als es noch keine strengen Bauvorschriften gab, sind sie mal breit, mal schmal, mal niedrig, mal hoch, mal imposant und mal völlig windschief. Es lohnt sich, innezuhalten und die Fassaden oberhalb der Läden anzusehen oder vor der Hektik der Kalverstraat in die Ruhe des Begijnhofs zu flüchten. Scheuen Sie sich nicht, durch eine enge Gasse zu gehen oder in einen kleinen Hof zu schauen. Dort versteckt sich manche Perle wie das Restaurant Blauw aan de Wal oder der Büchermarkt hinter dem Oudemanhuispoort. Dreh- und Angelpunkte des bunten Treibens sind die

Plätze Dam, Spui, Rembrandtplein und Nieuwmarkt.

1 AMSTERDAM DUNGEON
(120 B4) (ℳ F4)
Für Freunde des Makabren: Gruselausstellung über die dunklen Seiten der Amsterdamer Geschichte, inklusive Livevorführungen und Geisterbahnfahrt. *Tgl. 11–17 Uhr | Eintritt 21 Euro | Rokin 78 | www.the-dungeons.nl | Tram 4, 9, 15, 16, 24 Rokin*

2 AMSTERDAM MUSEUM
(120 A–B4) (ℳ F4)
Ein barockes Tor markiert den Eingang zum Museum für Stadtgeschichte, das seinen Sitz in einem ehemaligen Waisenhaus aus dem 17. Jh. hat. Besucher erwartet zunächst die gratis zugängliche ● INSIDER TIPP *Schuttersgalerij* mit 15 kolossalen Gemälden von Mitgliedern der Amsterdamer Schützengilde aus dem

---

MARCO POLO HIGHLIGHTS

⭐ **Begijnhof**
Oase der Ruhe mitten im Trubel der Großstadt → S. 30

⭐ **Nieuwe Kerk**
Turmlose gotische Kirche am Dam → S. 34

⭐ **Nieuwmarkt**
Belebter Platz an der Stadtwaage → S. 35

⭐ **Oude Kerk**
Amsterdams ältestes Gebäude → S. 36

⭐ **Grachtenring**
Einmaliges historisches Ensemble mit Herrenhäusern, Brücken und Kanälen → S. 38

⭐ **Anne Frank Huis**
Hinterhofversteck der Tagebuchschreiberin → S. 40

⭐ **Westertoren**
Der Star unter Amsterdams Kirchtürmen wird sogar in Schlagern besungen → S. 44

⭐ **Rijksmuseum**
Meisterwerke von Rembrandt bis Vermeer → S. 50

⭐ **Van Gogh Museum**
Publikumsmagnet sind die „Sonnenblumen" → S. 51

⭐ **Vondelpark**
Grünanlage mit Volksfeststimmung → S. 52

17. Jh. Auch im Inneren hat das Museum einiges zu bieten: 40 000 Objekte gehören zur Sammlung, die auf drei Stockwerke verteilt ist. In Saal 1 bis 23 wird anhand von Gemälden, Büchern, Landkarten und Modellen die Geschichte der Stadt präsentiert, von der Anlage des ersten Damms an der Amstel über das Goldene Zeitalter bis hin zu Hausbesetzern und Coffeeshops. Ein weite-

Stillleben mit Begine: im Begijnhof

res Highlight ist die *Regentenkammer,* in der früher die Direktion des Waisenhauses tagte und die noch komplett im Stil des 17. Jhs. eingerichtet ist. Am Eingang St. Luciënsteeg ist eine ganze Wand mit historischen Giebelsteinen verkleidet, die den Amsterdamern früher als Adressbezeichnungen dienten. *Tgl. 10–17 Uhr | Eintritt 10 Euro (MK) | Kalverstraat 92 | www. amsterdammuseum.nl | Tram 1, 2, 4, 5, 9, 14, 16, 24, 25 Spui oder Rokin*

3 BEGIJNHOF ★ ● (120 A4) (ⓜ F4)

Eine Oase der Ruhe in der betriebsamen Innenstadt – jedenfalls wenn Sie während der Woche kommen und gerade keine Busladung Touristen den Hof bevölkert. Weiß gestrichene Häuser scharen sich um ein Kirchlein und ein paar Kastanienbäume, die winzigen Vorgärten sind liebevoll bepflanzt. 1346 gegründet lag der Begijnhof am Rand der Stadt. Hier wohnten alleinstehende Frauen, die in religiöser Gemeinschaft leben, aber keine Nonnen werden wollten. Sie widmeten sich v. a. der Altenpflege. Zwei Feuersbrünste zerstörten den Hof im 15. Jh. fast vollständig; die heutige Bebauung stammt größtenteils aus dem 17. Jh. Das Haus mit der Nummer 34 wurde dagegen bereits um 1470 errichtet und soll das älteste Holzhaus der Niederlande sein. Gegenüber der englisch-presbyterianischen Kapelle versteckt sich in zwei Wohnhäusern eine katholische INSIDER TIPP *Geheimkirche* aus dem 17. Jh. Auf dem Begijnhof wohnen noch heute etwa 100 Personen – die letzte Begine verstarb jedoch 1971. *Tgl. 9–17 Uhr | Eingänge Spui und Kalverstraat | Tram 1, 2, 5 Spui*

4 BEURS VAN BERLAGE
(120 C2) (ⓜ G3)

Wie eine Trutzburg thront der Backsteinbau am Damrak; sein hoher Turm ist

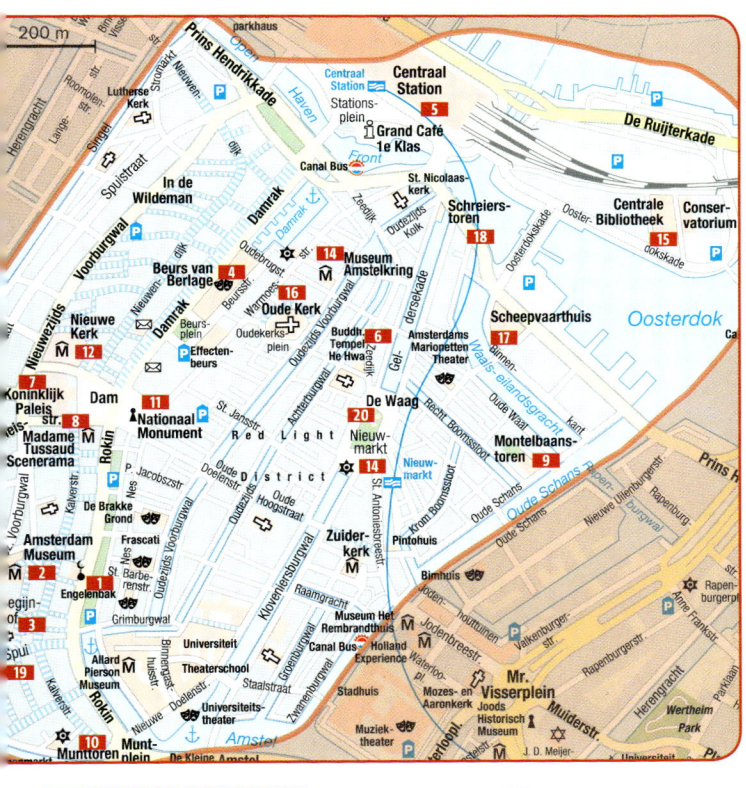

SEHENSWERTES IN DE WALLEN

- **1** Amsterdam Dungeon
- **2** Amsterdam Museum
- **3** Begijnhof
- **4** Beurs van Berlage
- **5** Centraal Station
- **6** Chinatown
- **7** Koninklijk Paleis
- **8** Madame Tussaud's Panoptikum
- **9** Montelbaanstoren
- **10** Munttoren
- **11** Nationaal Monument
- **12** Nieuwe Kerk
- **13** Nieuwmarkt
- **14** Ons' Lieve Heer op Zolder
- **15** Openbare Bibliotheek
- **16** Oude Kerk
- **17** Scheepvaarthuis
- **18** Schreierstoren
- **19** Spui
- **20** De Waag

schon von Weitem zu sehen. Die Börse wurde 1897–1903 nach Plänen des Architekten Hendrik Petrus Berlage gebaut und gilt dank ihrer schnörkellosen Fassaden und sichtbaren Konstruktion als Grundstein der modernen Architektur in den Niederlanden.

Den Auftraggebern gefiel die neue Börse jedoch zunächst gar nicht: Sie wollten lieber ein repräsentatives Gebäude im Neorenaissancestil ähnlich dem Rijksmuseum oder dem Hauptbahnhof haben. Aber gerade von dieser historisierenden Architektur wollte sich Baumeister

Berlage unterscheiden. Er lud Künstlerfreunde ein, das Gebäude mit zeitgenössischen Ornamenten und Kunstwerken zu dekorieren. Wandmalereien, Skulpturen, Ziergitter und Sinnsprüche ergänzen die wuchtige Architektur und machen die Börse zu einem Gesamtkunstwerk. Ursprünglich beherbergte der Bau gleich vier Börsen: Waren-, Korn-, Schiffer- und Wertpapierbörse. Der imposante *Saal der Warenbörse* mit großem Glasdach, gekrümmten Eisenträgern und zwei Galerien dient heute als Ausstellungsraum und Konzertsaal. *Nur bei Ausstellungen und Veranstaltungen zugänglich | www.beursvanberlage.nl | Tram 4, 9, 16, 24, 25 Dam*

▣ CENTRAAL STATION
(121 D1) (𝕄 G3)

Der Hauptbahnhof wurde 1889 im Neorenaissancestil vom Architekten Petrus J. H. Cuypers erbaut, der auch das Rijksmuseum entwarf. Das beeindruckende, 306 m lange Gebäude steht auf einer künstlichen Insel, mit der Rückseite zum Fluss IJ. Getragen wird der „Palast des Reisenden" von mehr als 10 000 Baumstämmen, die in den sandigen Grund gerammt wurden. Sowohl von außen als auch von innen ist der Bahnhof ungewöhnlich prachtvoll dekoriert, denn er sollte die Errungenschaften des Industriezeitalters verherrlichen, gleichzeitig aber auch wegen seiner prominenten Position in der Stadt einen schönen Anblick bieten. Auf dem Bahnhofsvorplatz herrscht ständiger Trubel – hier gilt besondere Vorsicht vor Taschendieben! Von der Rückseite des Bahnhofs aus verkehren kostenlose Fähren nach Amsterdam-Noord. *Abfahrts- und Endpunkt für Straßenbahnen, Busse, Rundfahrt- und Museumboote*

▣ CHINATOWN (121 D2–3) (𝕄 G3)

Rund um Zeedijk und Nieuwmarkt liegt Amsterdams Chinatown. Zu Beginn des 20. Jhs. kamen viele Chinesen als Matrosen in die Grachtenstadt, manche blieben und holten ihre Familien nach. Noch heute bilden die Chinesen eine enge Gemeinschaft, die ihre Traditionen pflegt. In der Chinatown finden Sie authentische chinesische Restaurants, aber auch chinesische Bäckereien, Modeboutiquen und Arztpraxen. Kunterbuntes Tüpfelchen auf dem i ist der ● buddhistische *Fo-Guang-Shan-He-Hua-Tempel (Di–Sa 12–17, So 10–17 Uhr | Zeedijk 106–118 | Metro Nieuwmarkt)*, den man gratis besichtigen kann.

ENTSPANNEN & GENIESSEN

Massagen, Schönheitsbehandlungen, Saunagänge – für viele die ultimative Entspannung. Noch größer ist der Wohlfühlfaktor, wenn obendrein das Ambiente stimmt. Wie z. B. in der ● *Sauna Déco* (120 A2) (𝕄 F3) *(Mo, Mi–Sa 12–23, Di 15–23, So 13–19 Uhr | Herengracht 115 | Tel. 020 6 23 82 15 | www.saunadeco.nl | Tram 13, 14, 17 Nieuwe-zijds Kolk)* mitten im Grachtenring. Das Interieur stammt aus einem Pariser Kaufhaus der 1920er-Jahre, das der Abrissbirne zum Opfer fiel. Unterbrochen von Snackpausen in der Lounge kann man sich im stilvoll-luxuriösen Ambiente entspannende Hydromassagebäder, Dampfbäder, Maniküren oder Fußmassagen gönnen.

Königspalast mit bürgerlichen Wurzeln: Bürgersaal im einst als Rathaus gebauten Schloss

7 KONINKLIJK PALEIS ●
(120 B3) (ℳ F3)

Der schlichte, graue Bau am Dam mit seinen verhängten Fenstern sieht von außen nicht allzu königlich aus. Respektlose Zungen bezeichnen ihn auch als „größte Abstellkammer Hollands". Er war jedoch ursprünglich nicht als Palast, sondern als Rathaus konzipiert. Errichtet wurde das klassizistische Gebäude nach Plänen von Jacob van Campen zwischen 1648 und 1655. 13 659 Pfähle mussten in den Boden gerammt werden, um den imposanten Bau aus Bentheimer Stein tragen zu können, dessen Hauptfassade ein gewaltiger Fries mit Seeungeheuern ziert. Im Inneren beeindrucken einige monumentale Gemälde von Rembrandt-Schülern, der Bürgersaal und die von den napoleonischen Besatzern hinterlassene Einrichtung im Empirestil. Erst 1930 trat die Stadt das Rathaus an die Krone ab. Die Hauptresidenz der Oranier liegt aber in Den Haag – der König hält sich nur zu Empfängen im Amsterdamer Palast auf, der dann nicht zu besichtigen ist. Aktuelle Öffnungszeiten unter *www.paleisamsterdam.nl* oder *Tel. 020 6 20 40 60 | Tram 1, 2, 4, 5, 9, 13, 14, 16, 17, 24, 25 Dam*

8 MADAME TUSSAUD'S PANOPTIKUM (120 B3) (ℳ F3)

Wer immer schon mal neben Rembrandt, Kylie Minogue oder dem König Willem-Alexander stehen wollte und bereit ist, dafür viel Geld auszugeben, kommt hier seinem Traum recht nahe. Wachsfiguren von Prominenten aller Bereiche – mal mehr, mal weniger lebensecht. *Tgl. 10–17.30 Uhr | Eintritt 22 Euro | Dam 20 | Tram 4, 9, 14, 16, 24, 25 Dam*

9 MONTELBAANSTOREN
(121 E3–4) (ℳ H4)

An der Ecke Waalseilandsgracht und Oudeschans, im einstigen Schiffbauerviertel, wurde im frühen 16. Jh. dieser Verteidigungsturm errichtet. Schon 1606 verlor er seine ursprüngliche Funktion und wurde später mit einer Uhr mit Schlagwerk ausgerüstet. Seit 1878 kontrollieren Amsterdams Wasserwerke von hier aus Wasserstand und Durchspülung der Grachten. *Oudeschans 2 | Metro Nieuwmarkt*

10 MUNTTOREN (120 B5) (*G4*)
Der Münzturm, gebaut 1620, steht am Zusammenfluss von Singel und Amstel und gehörte ursprünglich zur Stadtbefestigung. Als die Stadt Dordrecht, welche eigentlich das Münzrecht besaß, 1672 von den Franzosen besetzt zu werden drohte, prägte man hier eine Zeit lang Gold- und Silbermünzen. *Muntplein | Tram 4, 9, 14, 16, 24, 25 Muntplein*

11 NATIONAAL MONUMENT
(120 B3) (*F3*)
Auf dem Dam, gegenüber dem Palast, steht das Nationaldenkmal. Der 1956 eingeweihte, 22 m hohe Obelisk ist Mahnmal für die Opfer der deutschen Besatzung und Monument der Befreiung und des Friedens. 1995 kam es zu einem kleinen Skandal, als das Denkmal restauriert werden musste und sich einzig eine deutsche Firma als fachkundig erwies. *Tram 4, 9, 14, 16, 24, 25 Dam*

12 NIEUWE KERK ★ (120 B3) (*F3*)
Die imposante Nieuwe Kerk am Dam ist Amsterdams berühmteste Kirche. So neu wie ihr Name vermuten lässt, ist sie jedoch nicht. Der Bau des spätgotischen Gotteshauses begann im 15. Jh., als die Stadt über die erste Befestigungsanlage hinausgewachsen und die Oude Kerk zu klein geworden war. Ihre heutige Form erhielt sie nach mehreren Bränden und Renovierungen um 1540. Nur 38 Jahre später entfernten die Protestanten während des Bildersturms sämtliche Statuen und Altäre, sodass ihr Inneres heute

Der Obelisk des Nationaal Monument auf dem Dam erinnert an die deutsche Besatzung

einen recht nüchternen Anblick bietet. Hauptattraktion der Kirche ist die mit aufwendigen Schnitzereien verzierte Kanzel, deren Anfertigung den Bildhauer Albert Jansz Vinckenbrinck fünfzehn Jahre kostete.

Die Nieuwe Kerk hat keinen Turm. Zwar wurde 1565 ein Fundament gelegt, aber politische Unruhen und der Bildersturm verhinderten den Bau. Als die Zeiten wieder friedlicher wurden, war die Stadtregierung gegen einen Turm, der die Kuppel des neuen Rathauses (des heutigen Palasts) an Höhe übertroffen hätte. Als Kompromiss verlegte man deshalb das Rathaus so weit nach hinten, dass nun zumindest das hohe Querschiff an den Platz grenzt.

Heute wird die Kirche als Ausstellungsraum genutzt. Außerdem werden in der Nieuwe Kerk noch immer die niederländischen Könige und Königinnen gekrönt, so auch König Willem-Alexander 2013.

Bereits 2002 heiratete er hier die Argentinierin Máxima Zorreguieta. *Tgl. 10–17 Uhr | Dam | www.nieuwekerk.nl | Tram 1, 2, 4, 5, 9, 13, 14, 16, 17, 24, 25 Dam*

13 NIEUWMARKT ★ *(121 D3)* *(ⓜ G4)*
Rund um die alte Stadtwaage im Rotlichtviertel erstreckt sich der Nieuwmarkt, ein Marktplatz mit vielen Terrassen- und Musikcafés sowie asiatischen Imbissen. Seinen Namen erhielt er im 14. Jh., als ein Teil des Kloveniersburgwal trockengelegt wurde, um den Platz anzulegen. Ursprünglich diente er als Viehmarkt und Hinrichtungsort. Heute finden dort gelegentlich Antik- und Büchermärkte sowie Mo–Sa ein Lebensmittelmarkt statt. Aufgrund der Größe des Platzes kann man auf den Caféterrassen im Sommer noch kurz vor Sonnenuntergang ein paar Sonnenstrahlen erhaschen. *Metro Nieuwmarkt*

14 ONS' LIEVE HEER OP ZOLDER
(120 C2) *(ⓜ G3)*
Mitten im Rotlichtviertel liegt dieses kleine Museum, das man von außen leicht übersieht. In den unteren Stockwerken scheint es ein ganz normales Kaufmannshaus aus dem 17. Jh. zu sein. Treppauf und treppab kann man das verwinkelte Grachtenhaus erkunden. Die eigentliche Attraktion versteckt sich jedoch unter dem Dach. Dort liegt eine dreigeschossige katholische **INSIDER TIPP** *Geheimkirche,* die 1661 eingerichtet wurde – komplett mit Hochaltar und zwei Galerien. Weil die herrschenden Kalvinisten den Katholiken verboten hatten, ihren Glauben öffentlich zu praktizieren, mussten die Kirchgänger sich durch einen Seiteneingang in das Grachtenhaus schleichen. *Mo–Sa 10–17, So 13–17 Uhr | Eintritt 8 Euro (MK) | Oudezijds Voorburgwal 40 | www.opsolder.nl | 10 Min. Fußweg vom Hauptbahnhof*

Bücher im Designtempel: Openbare
Bibliotheek

15 OPENBARE BIBLIOTHEEK ●
(124 A5) (□ H3)

Amsterdams neue Stadtbücherei ist ein echter Besuchermagnet. Der imposante Neubau auf dem Oosterdokseiland wurde 2007 eröffnet und ist komplett mit niederländischen Designmöbeln eingerichtet. Im obersten Stock liegt ein gutes Selbstbedienungsrestaurant mit einer ☼ Terrasse, die einen wunderschönen Blick über die Altstadt bietet. *Tgl. 10– 22 Uhr | Oosterdokskade 143 | 5 Min. Fußweg vom Hauptbahnhof*

16 OUDE KERK ⭐ (120 C3) (□ G3)

Die um 1300 erbaute Hauptkirche Amsterdams, die heute im Rotlichtviertel liegt, ist das älteste Gebäude der Stadt und war ursprünglich dem heiligen Nikolaus, dem Schutzpatron der Seeleu-

te, geweiht. Von außen gibt die Oude Kerk ein recht uneinheitliches Bild ab, weil sie im Lauf der Zeit immer wieder erweitert wurde. Bereits um 1350 ersetzte man die schmalen Seitenschiffe durch breitere, dann wurde der Chor vergrößert, gefolgt vom Anbau eines Chorumgangs. Im 15. Jh. baute man mehrere Kapellen an, im 16. Jh. wurden Hauptschiff und Turm erhöht. Die Konstruktion wurde trotz Brandgefahr mit Holzbalken verstärkt, sonst hätte der sandige Boden das Gewicht nicht tragen können. *Mo–Sa 11– 17, So 13–17 Uhr | Eintritt 5 Euro (MK) | Oudekerksplein | www.oudekerk.nl | Tram 4, 9, 16, 24, 25 Damrak*

17 SCHEEPVAARTHUIS
(121 D–E3) (□ H3)

Auf den ersten Blick sieht es fast wie die Kulisse eines Batman-Films aus: Trutzig und etwas bedrohlich steht das Schifffahrtshaus an der Binnenkade östlich des Hauptbahnhofs. Das reich mit stilisierten maritimen Figuren und Ornamenten verzierte Gebäude von 1916 ist ein frühes Beispiel des Backsteinexpressionismus der 1920er-Jahre, der als „Amsterdamer Schule" berühmt wurde. Ursprünglich Sitz der wichtigsten Schifffahrtsgesellschaften, beherbergt es seit 2007 das *Grand Hotel Amrâth (S. 86). Prins Hendrikkade 108–114 | 5 Min. Fußweg vom Hauptbahnhof*

18 SCHREIERSTOREN (121 D2) (□ G3)

Von den Zinnen des Schreierstoren, eines halbrunden Festungsturms aus dem Jahr 1484, weinten die Frauen der Seefahrer angeblich den auslaufenden Schiffen hinterher. Aber obwohl ein Giebelstein aus dem 17. Jh. diese Geschichte illustriert, stimmt sie nicht. Ursprünglich hieß der Turm *schreyhoekstoren*, denn beim Turm treffen zwei Kanäle in spitzem Winkel *(schreye hoek)* aufeinander. 1609 segelte Henry Hudson von dem in vielen Gemälden verewigten Turm aus nach Nordamerika, wo er Manhattan entdeckte und New Amsterdam, das spätere New York, gründete. Nach ihm sind der Hudson und die Hudson Bay benannt. Im Turm befindet sich ein **INSIDER TIPP** gemütliches Café. *Geldersekade | 5 Min. zu Fuß vom Hauptbahnhof*

19 SPUI (120 A5) (*F4*)

Umringt von lauter Amsterdamer Traditionskneipen wie dem *Café Luxembourg, Zwart* und dem 1670 eröffneten **INSIDER TIPP** *Café Hoppe* mit schummrigem Holzinterieur und Sand auf dem Boden, gilt der Spui als urigster Platz der Stadt. Samstags findet hier ein *Büchermarkt* statt. *Tram 1, 2, 5 Spui*

20 DE WAAG (121 D3) (*G4*)

Mitten auf dem Nieuwmarkt steht das älteste weltliche Bauwerk ganz Amsterdams: die ehemalige Stadtwaage,

die heute Sitz eines Instituts für neue Medien und eines Caférestaurants ist. Im Jahr 1488 als Stadttor erbaut, wurde sie im 17. Jh., als der Grachtenring entstand, zur Waage umfunktioniert. In den oberen Geschossen hatten verschiedene Handwerksgilden ihren Sitz. Jede der Zünfte bekam sogar ihren eigenen Eingang, den man jeweils noch heute an den unterschiedlichen Fassadensteinen erkennen kann.

Unter dem Dach des Gebäudes richtete die Chirurgengilde damals ein sogenanntes *Anatomisches Theater* ein, das bis heute noch vollständig erhalten ist. Allerdings ist es nur bei Veranstaltungen des Medieninstituts zugänglich. In diesem Anatomischen Theater entstand nach einer der vielen öffentlichen Sektionen übrigens Rembrandts berühmtes Gemälde „Anatomie des Dr. Tulp" (1632), das heute im Museum Het Mauritshuis in Den Haag zu sehen ist. *Metro Nieuwmarkt*

Die Oude Kerk wurde seit 1300 dauernd erweitert – dort ein Chor, hier eine Kapelle ...

GRACHTEN-RING & JORDAAN

Das komplett erhaltene historische Ensemble des ⭐ *Grachtenring* ist im wahrsten Sinne des Wortes die größte Sehenswürdigkeit Amsterdams.

Halbkreisförmig legen sich der alte Stadtgraben Singel sowie die Heren-, Keizers- und Prinsengracht und zahllose kleinere Quergrachten um das mittelalterliche Stadtzentrum. Insgesamt finden sich auf einer Fläche von etwa 8 km² rund 160 Grachten und 600 Brücken. Der Grachtenring steht auf der Weltkulturerbeliste der Unesco.

Amsterdam war um 1600 dank des Überseehandels zu großem Wohlstand gelangt. Der Beginn des Goldenen Zeitalters ging mit einer Bevölkerungsexplosion einher: Innerhalb von nur 50 Jahren vervierfachte sich die Einwohnerzahl, der alte Stadtkern wurde zu eng, und man legte den Grachtenring an, eine der spektakulärsten städtebaulichen Unternehmungen jener Zeit. Innovativ war nicht nur die großzügige Anlage der Grachten, sondern auch ihre Bepflanzung mit Bäumen. Zum Graben der Kanäle wurden Verbrecher, Landstreicher und Tagelöhner herangezogen. Reiche Kaufleute ließen an den Wasserwegen, die ursprünglich zur Trockenlegung des Geländes dienten, ihre neuen Wohn- und Lagerhäuser errichten. Allerdings waren Grundstücke an den Grachten teuer. Da sich Kaufpreis wie spätere Besteuerung an der Breite der Parzelle orientierten, fielen die meisten Häuser schmal, aber dafür tief aus. Benannt wurde die Herengracht nach den Handelsherren, die Keizersgracht nach Kaiser Maximilian I., dessen Krone Amsterdam im Stadtwappen führen durfte, und die Prinsengracht nach den Prinzen des Hauses Oranien. Um 1680 war der Stadterweiterungsplan vollendet und der Grachtenring von einem Verteidigungsgraben umschlos-

Die beste Art, den historischen Grachtenring zu besichtigen: per Boot

SEHENSWERTES IN GRACHTENRING & JORDAAN

- **1** Amstelkerk
- **2** Anne Frank Huis
- **3** Foam
- **4** Gouden Bocht
- **5** Het Grachtenhuis
- **6** Homomonument
- **7** Leidseplein
- **8** Magere Brug
- **9** Museum Van Loon
- **10** Noorderkerk
- **11** Rembrandtplein
- **12** Tassenmuseum Hendrikje
- **13** Westerkerk
- **14** Willet Holthuysen Museum

Fußgängerzone

sen, der sich an der Stelle der heutigen Stadhouderskade befand.

Heute ist der Grachtenring mit seinen großen, alten Herrenhäusern noch immer eine der schicksten Adressen Amsterdams, wenngleich viele der ehemaligen Wohnhäuser nun Anwaltskanzleien und Privatbanken beherbergen. Durch die hohen, gardinenlosen Fenster der alten Häuser blickt man in luxuriöse Interieurs.

Weniger mondän, aber nicht weniger pittoresk ist das frühere Armenviertel *Jordaan*, das etwa zur selben Zeit wie der Grachtenring entstand. Wo heute viele Intellektuelle und Künstler wohnen, zahlreiche ● Galerien und Designateliers residieren und eine beinahe dörfliche Atmosphäre herrscht, mussten früher ganze Arbeiterfamilien in feuchten Souterrains hausen. Erst nach dem Zweiten Weltkrieg besserten sich die Zustände und entstand das legendäre Nachbarschaftsgefühl, das in den „Jordaanschnulzen" besungen wird, die noch heute aus den Lautsprechern manch eines braunen Cafés im *gezelligsten* Viertel Amsterdams schallen.

🔳 AMSTELKERK (128 B1) (*⌂ G5*)
Die hölzerne Amstelkerk wurde 1669 gebaut, als es im neuen Grachtenring noch an Kirchen mangelte. Auf dem Amstelveld, einem sumpfigen Areal an der Prinsengracht, entstand eine schlichte, turmlose weiße Kirche, die von außen fast an einen Stall erinnert. Heute wird die Amstelkerk auch für Ausstellungen und Veranstaltungen genutzt. Im Nebengebäude liegt ein schickes Restaurant mit schöner Terrasse; auf dem Vorplatz findet Montag vormittags ein **INSIDER TIPP** Blumenmarkt ohne Touristenaufschläge statt. *Amstelveld 12 | Tram 4 Prinsengracht*

🔳 ANNE FRANK HUIS ⭐
(123 D4) (*⌂ F3*)
„Liebe Kitty…": Jedes Schulkind kennt die Worte, mit denen Anne Franks Tagebucheinträge anfingen. Das jüdische Mädchen versteckte sich im Zweiten Weltkrieg zwei Jahre lang mit seiner Fa-

AJAX

Der Amsterdamer Fußballclub (Markenzeichen: weißes Trikot mit rotem Streifen) trägt seine Heimspiele in der Amsterdam Arena im Südosten der Stadt aus. Der weiße Riesenbau hockt wie ein Raumschiff auf der Wiese, hat ein ausfahrbares Dach und fasst beinahe 50 000 Zuschauer. Das ist auch notwendig, denn bei Ajax-Spielen flippen die Amsterdamer regelrecht aus. Helden des niederländischen Fußballs wie Johan Cruyff, Frank Rijkaard und Patrick Kluivert haben dem Verein, der auch 2012 wieder niederländischer Pokalsieger wurde, zu Ruhm verholfen. Merkwürdig erscheint auf den ersten Blick, dass viele Fans die israelische Flagge tragen und sich Davidsterne ins Gesicht malen. Der Legende zufolge wurde Ajax von Juden gegründet und war lange ein jüdischer Verein. Mit den historischen Fakten hat das allerdings nicht viel zu tun – die Fans wollen sich vor allem von den eher zum rechten Spektrum gehörigen Anhängern von Feyenoord Rotterdam absetzen.

Tickets für die Ajax-Spiele können Sie entweder online bestellen oder im Fanshop in der Arena wie auch in Ticket-Box-Verkaufsstellen (meist Kioske und Zeitschriftenläden) kaufen. Man kann auch an einer geführten *Stadiontour (tgl. alle 45 Minuten zwischen 11 und 17 Uhr | 12 Euro)* teilnehmen. *Amsterdam Arena (0) (⌂ 0) (Arena Boulevard 1 | Metro 50, 54 Strandvliet/ArenA oder Bijlmer | www.ajax.nl | www.amsterdamarena.nl)*

milie in diesem Hinterhaus an der Prinsengracht – um im letzten Moment doch noch deportiert zu werden und schließlich in Bergen-Belsen an den Folgen der Haft zu sterben. Heute sitzen in dem Haus die Anne-Frank-Stiftung sowie das zugehörige Museum. Durch eine Geheimtür gelangt man in das Hinterhaus und die kleine Wohnung, in der die Familie hausen musste. Auch das Originaltagebuch gehört zur eindrucksvollen Ausstellung. Im Museum herrscht stets großer Andrang: Besuchen Sie es frühmorgens oder spätabends, um lange Wartezeiten zu vermeiden. *Okt.–Feb. tgl. 9–19, März–Juni, Sept. tgl. 9–21, Juli/Aug. tgl. 9–22 Uhr | Eintritt 8,50 Euro | Prinsengracht 263 | www.annefrank.org | Tram 13, 14, 17 Westermarkt*

3 FOAM (120 B6) (*G5*)

Seit 2002 hat Amsterdam ein eigenes Fotografiemuseum, das in einem Grachtenhaus aus dem 19. Jh. untergebracht ist. Gezeigt werden wechselnde Ausstellungen über alle Aspekte der Fotografie, vom Bildjournalismus über Werbefotografie bis hin zu Werken niederländischer Fotokünstler. *Sa–Mi 10–18, Do/Fr 10–21 Uhr | Eintritt 8,75 Euro (MK) | Keizersgracht 609 | www.foam.nl | Tram 16, 24, 25 Keizersgracht*

4 GOUDEN BOCHT ●

(123 E6) (*F–G 4–5*)

Zwischen Leidsestraat und Vijzelstraat erstreckt sich der „goldene Bogen" der Herengracht. Die Häuser an diesem Grachtabschnitt sind deutlich größer und prunkvoller als die meisten anderen Grachtenbauten. Sie wurden gegen Ende des 17. Jhs. von den Angehörigen der neuen Amsterdamer Finanzelite erbaut, die sich von den gemeinen Kaufleuten abheben und ihren Reichtum zur Schau stellen wollten. Deshalb kauften sie oft gleich

Anne Frank Huis: Hier schrieb sie das bewegende Tagebuch

zwei Grundstücke; vorne wurde das Herrenhaus errichtet, dahinter Ställe und Unterkünfte für Bedienstete.

In Haus Nummer 502 wohnt der Amsterdamer Bürgermeister. Nummer 518 können Sie sich auch von innen ansehen: Dort befindet sich das Museumshaus *Geelvinck Hinlopen (Mi–Mo 11–17 Uhr | Eintritt 8 Euro | Eingang über Keizersgracht 633). Herengracht | Tram 16, 24, 25 Vijzelstraat*

5 HET GRACHTENHUIS

(123 E6) (*F4*)

Erst 2011 eröffnetes und damit jüngstes Grachtenhausmuseum Amsterdams. Im 1663 von Philip Vingboons gebauten Patrizierhaus wird eine Ausstellung über die Entstehung des Grachtenrings gezeigt, inklusive historischer Stadt-

Der Leidseplein ist das geschäftige Zentrum der Stadt

pläne und einem Stadtmodell. *Di–So 10–17 Uhr | 12 Euro | Herengracht 386 | www.grachtenhuis.nl | Tram 1, 2, 5 Koningsplein*

■6 HOMOMONUMENT
(123 D4) (*ᗺ F3*)

Drei rostrote Marmorplatten auf dem Platz vor der Westerkerk waren 1987 das erste Schwulendenkmal der Welt. Es erinnert an alle auf Grund ihrer Homosexualität Verfolgten, in erster Linie an die Opfer der deutschen Besatzung. *Westermarkt | Tram 13, 14 Westermarkt*

■7 LEIDSEPLEIN (123 D6) (*ᗺ E5*)

Wer Trubel sucht, ist hier richtig: Straßenbahnen klingeln, Touristen tummeln sich in den Kneipen, Neonreklamen blinken, Gaukler bieten Kunststücke dar. Der Leidseplein liegt im Herzen der Stadt und ist umgeben von Kinos, Theatern, Cafés und Restaurants. Vor allem am Wochenende ist hier abends die Hölle los. *Tram 1, 2, 5, 6, 7, 10 Leidseplein*

■8 MAGERE BRUG ● (128 C1) (*ᗺ G5*)

Besonders schön ist die bekannteste Brücke Amsterdams abends, wenn sie festlich beleuchtet wird. Für die Durchfahrt von Schiffen lässt sich der Mittelteil der weiß gestrichenen Holzbrücke öffnen. *Kerkstraat/Amstel | Tram 4 Prinsengracht | Metro Waterlooplein*

■9 MUSEUM VAN LOON
(128 B1) (*ᗺ G5*)

Dieses prachtvolle Grachtenhaus gibt Besuchern einen Eindruck davon, wie ein Patrizier im Amsterdam des 17. oder 18. Jhs. lebte. 1671 im Auftrag eines reichen Kaufmanns gebaut, gehörte das Haus zeitweise auch dem Rembrandt-Schüler Ferdinand Bol. 1884 erwarb die Kaufmannsfamilie Van Loon das schöne Haus. Empfangsräume, Salons, Speisesäle und Schlafgemächer sind zu besichtigen. Ein Relikt aus vergangenen Zeiten ist auch der barocke **INSIDER TIPP** *Grachtengarten*, den man vom kleinen Salon aus sehen kann. *Mi–Mo 11–17 Uhr | Eintritt 8 Euro | Keizersgracht 672 | Tram 16, 24, 25 Vijzelstraat*

■10 NOORDERKERK (120 A1) (*ᗺ F2*)

Bei ihrer Eröffnung stand die Noorderkerk mitten in einem Neubauviertel. Heute liegt sie an einem der lauschigsten und altertümlichsten Plätze Amsterdams, dem Noordermarkt. An der Rückseite drücken die Häuser sich eng an die

Kirche; keine einzige Straße läuft im rechten Winkel auf sie zu. Die 1623 fertiggestellte Kirche ist ein typisch protestantischer Zentralbau, in dessen Mittelpunkt die Kanzel steht. *Im Sommer samstagmorgens geöffnet | Noordermarkt | 10 Min. Fußweg vom Hauptbahnhof*

11 REMBRANDTPLEIN
(120 C6) (⌀ G4–5)

Auf dem früheren Botermarkt wurde 1876 ein Standbild von Rembrandt aufgestellt, wodurch der Platz seinen neuen Namen erhielt. Wo heute Großraumpubs und Neonreklamen das Bild dominieren, traf sich in den 1920er-Jahren die Künstlerszene. *Tram 4, 9, 14 Rembrandtplein*

12 INSIDER TIPP ▶ TASSENMUSEUM HENDRIKJE (120 C6) (⌀ G5)

Das Taschen- und nicht etwa das Tassenmuseum in einem alten Grachtenhaus widmet sich der Geschichte der (Damen-) Handtasche vom 15. Jh. bis heute. Außer 4000 Exponaten aus der Sammlung von Namenspatronin Hendrikje Ivo lockt vor allem der Museumsshop, in dem Taschen niederländischer Designer verkauft werden. *Tgl. 10–17 Uhr | Herengracht 573 |*

Museum van Loon: So lebte ein wohlhabender Patrizier

Eintritt 9 Euro | www.tassenmuseum.nl | Tram 4, 9, 14 Rembrandtplein

13 WESTERKERK (123 D4) (⌀ F3)

Bei ihrer Fertigstellung 1631 war die Westerkerk, entworfen von Hendrick de Key-

RICHTIG FIT!

Direkt neben dem Rijksmuseum steht Amsterdams schönstes Hallenbad: das ● *Zuiderbad* (127 F2) (⌀ F6). Errichtet wurde der Backsteinbau 1897 als Radfahrschule, in der Amsterdamer Damen sich auf dem Hochrad üben konnten. 1912 wurde sie zum Schwimmbad umgebaut. Seither hat sich im Zuiderbad nicht allzu viel verändert. Selbst die ursprünglichen Umkleidekabinen sind noch vorhanden, und Sie können nach wie vor im Jugendstil-Ambiente Ihre Bahnen ziehen. Zwar ist das Becken nicht groß, aber dafür schwimmt man dort wirklich ungestört: An Werktagen sind jeden Morgen zwei Bahnen für Bahnenschwimmer reserviert. Kindern bietet das Bad dagegen eher wenig. *Mo 7–12, Di–Fr 7–9, Sa 8–15, So 10–15.30 Uhr | Eintritt 3,40 Euro | Hobbemastraat 26 | Tram 2, 5 Hobbemastraat; 7, 10 Spiegelgracht*

Westertoren: Von ihm blicken Sie auf die ganze Stadt herab

ser, die größte protestantische Kirche der Welt. Im Inneren erweist sie sich als lichtdurchflutete, weiße Hallenkirche mit zurückhaltenden Ornamenten im Renaissancestil.

Berühmter als die Kirche selbst ist allerdings der ★ ☀ *Westertoren*, ihr 85 m hoher Turm, von den Amsterdamern liebevoll „Oude Wester" genannt. Der Turm ist das Wahrzeichen des Jordaan-Viertels und wird sogar in vielen Schlagern besungen. Unter seiner Kaiserkronenkuppel hängt ein Glockenspiel mit 49 Glocken. Wer den höchsten Turm der Stadt besteigt, wird mit einer großartigen Aussicht über die Altstadt belohnt. *Besichtigung Mo–Sa 11–15 Uhr, Glockenspiel Di 12–13 Uhr, Turmbesteigung April–Juni Mo–Fr 10–18, Sa 10–20, Juli–*

Sept. Mo–Sa 10–20, Okt. Mo–Fr 11–17, Sa 10–18 Uhr | Eintritt 7,50 Euro | Prinsengracht 281/Westermarkt | Tram 13, 14, 17 Westermarkt

14 WILLET HOLTHUYSEN MUSEUM
(120 C6) (*⌖ G5*)

Das Kaufmannshaus von 1687 beherbergt die Kunstsammlung von Abraham Willet (1825–1888). Mit dem Geld seiner Frau trug er eine eklektische Sammlung mit Kunst, Kunsthandwerk und edlem Mobiliar zusammen, die aus dem Wohnhaus schon zu seinen Lebzeiten beinahe ein Museum machte. 1889 vermachte seine Frau das Haus mitsamt Sammlung der Stadt. Die Räume quellen über vor üppigen Wandteppichen, Stilmöbeln, Gemälden und Skulpturen. *Mo–Fr 10–17, Sa/So 11–17 Uhr | Eintritt 8 Euro | Herengracht 605 | www.willetholthuysen.nl | Metro Waterlooplein*

WATERLOO-PLEIN & PLANTAGE

Um den *Waterlooplein* erstreckt sich ein Stadtviertel, das es eigentlich nicht mehr gibt. Dort lag einmal das Judenviertel, dessen Bewohner im Zweiten Weltkrieg größtenteils deportiert und umgebracht wurden.

Übrig geblieben sind mehrere Synagogen, die heute das Jüdische Museum beherbergen, sowie einige Diamantschleifereien und koschere Restaurants. Auch das Stadtbild hat sich seither stark verändert. In den 1980er-Jahren wurden in dem heruntergekommenen Viertel große Sanierungsmaßnahmen durchgeführt, sodass nur relativ wenig von der alten Bausubstanz erhalten ist.

Heute wohnen zwischen Nieuwe Herengracht und Oude Schans viele Studenten, die sich gerne auf dem täglichen Flohmarkt hinter der Stopera und in den Cafés der Jodenbreestraat tummeln.

Im Osten schließt sich das noblere, grüne Wohnviertel *De Plantage* an. Als der Grachtenring im 17. Jh. von West nach Ost angelegt wurde, gelangte man nicht über die Amstel hinaus. Östlich vom Fluss lagen stattdessen Gärten und Schiffswerkstätten, die erst im 19. Jh. durch ein großbürgerliches Wohnviertel und das Zollzwischenlager Entrepotdok ersetzt wurden. Heute zieht es Besucher vor allem wegen des Tropenmuseums, des Zoos oder des Botanischen Gartens ins grüne Wohnviertel. Aber auch das Entrepotdok mit den inzwischen zu Lofts umfunktionierten ehemaligen Lagerhäusern ist einen Besuch wert.

■1 BLAUWBRUG (121 D6) (*∅ G4*)

Ein wenig fühlt man sich bei ihrem Anblick an den Pont Neuf in Paris erinnert. Die aufwendig dekorierte Brücke über die Amstel wurde 1884 erbaut. Ihre Pfeiler haben die Form von Schiffsbugen, auf den Laternen thronen goldene Kaiserkronen. Blau ist die Brücke allerdings nicht: Der Name stammt noch von der blau gestrichenen Holzbrücke, die hier vorher stand. *Amstelstraat/Amstel | Tram 9, 14 | Metro Waterlooplein*

■2 GASSAN DIAMONDS

(121 E4) (*∅ H4*)

Amsterdam war einmal eine internationale Hochburg der Diamantschleiferei. Nach dem Zweiten Weltkrieg verlor dieser Wirtschaftszweig zwar an Bedeutung, aber noch heute gibt es einige Schleifereien. Allerdings sind viele von denen, die Rundgänge anbieten, reine Touristenattraktionen, während die wirklichen Handwerksbetriebe nicht zugänglich sind. Eine Ausnahme ist Gassan Diamonds. In einem imposanten Backsteinbau vom Ende des 19. Jhs. widmen sich 500 Mitarbeiter dem Schleifen und dem Vertrieb der kostbaren Steine.

Besucher können bei kostenlosen Führungen den Weg vom Rohdiamanten zum Schmuckstück mitverfolgen – natürlich gibt es auch hier anschließend eine Verkaufsshow. *Tgl. 9–17 Uhr | Nieuwe Ui-*

JÜDISCHES LEBEN

Seit dem 17. Jh. war das Gebiet rund um den heutigen Waterlooplein das Amsterdamer Judenviertel, in dem bis zum Zweiten Weltkrieg rund 100 000 Menschen wohnten. Neben den meist armen aschkenasischen (deutschstämmigen) Juden lebten hier die traditionell wohlhabenderen sephardischen (portugiesischstämmigen) Juden, aber auch einige glücklose, finanziell ruinierte Christen. Im Zweiten Weltkrieg bereiteten die Nazis dem florierenden jüdischen Leben ein jähes Ende. Zur Deportation in die Konzentrationslager mussten die Juden sich vor der Hollandse Schouwburg versammeln, einem mitten im Judenviertel gelegenen Theater – heute ist es eine Gedenkstätte. Die Nazis verschleppten nahezu alle niederländischen Juden in KZs; unter ihnen war auch als wohl bekanntestes Opfer die 14-jährige Anne Frank. Nur 6000 Amsterdamer Juden überlebten den Krieg.

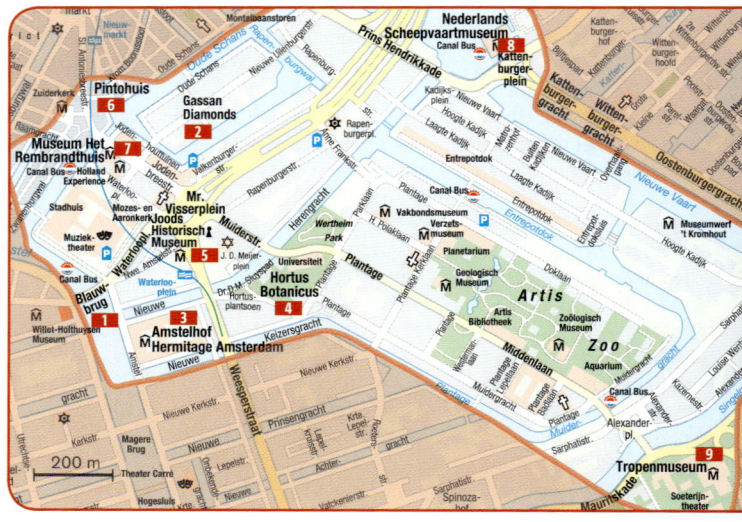

SEHENSWERTES IN WATERLOOPLEIN & PLANTAGE

1 Blauwbrug
2 Gassan Diamonds
3 Hermitage Amsterdam
4 Hortus Botanicus
5 Joods Historisch Museum
6 Pintohuis
7 Rembrandthuis
8 Scheepvaartmuseum
9 Tropenmuseum

lenburgerstraat 173–175 | Eintritt frei |
www.gassan.com | Metro Waterlooplein

3 HERMITAGE AMSTERDAM
(121 D6) (*ₘ G5*)

Dritte Auslandsfiliale des berühmten russischen Kunstmuseums nach London und Las Vegas. Sie befindet sich in einem ehemaligen Altenwohnheim aus dem 17. Jh. an der Amstel. Gezeigt werden Stücke aus der umfangreichen Sammlung des Muttermuseums, von altgriechischem Schmuck bis zu Rokokomalerei. Sehenswert sind aber auch der alte Kirchensaal, das Regentenzimmer und vor allem die INSIDER TIPP voll ausgestattete historische Küche des Altenwohnheims. Tgl. 9–17, Mi bis 20 Uhr | Eintritt 15 Euro | Nieuwe Herengracht 14 | www.hermitage. nl | Metro Waterlooplein

4 HORTUS BOTANICUS
(121 E–F 5–6) (*ₘ H4*)

Dies ist beileibe kein gewöhnlicher botanischer Garten. Schon vor mehr als 300 Jahren pflanzten holländische Ärzte an diesem Ort die ersten exotischen Kräuter an, die die einheimischen Kaufleute und Seefahrer von ihren Reisen in die Ferne mitgebracht hatten. Auf dem Gebiet der Tropenmedizin waren sie ihren europäischen Kollegen deshalb bald um eine Nasenlänge voraus.

Besonders schön ist das alte Palmenhaus, aber auch das futuristische neue Gewächshaus ist einen Besuch wert. Im Hortuswinkel kann man Blumenzwiebeln und Setzlinge seltener Pflanzen kaufen. Tgl. 10–17 Uhr | Eintritt 8,50 Euro | Plantage Middenlaan 2 | www.dehortus.nl | Tram 9, 14, 20 Mr. Visserplein

5 JOODS HISTORISCH MUSEUM
(121 D5) (*H4*)

Insgesamt vier Synagogen aus dem 17. und 18. Jh. beherbergen das Jüdische Historische Museum, das mitten im früheren Judenviertel liegt. Beim Umbau zum Museum wurden sie 1987 durch glasüberdachte Gänge miteinander verbunden. Die 1670 errichtete, *Grote Sjoel* genannte Synagoge der hochdeutschen Juden ist das älteste, trotz seines Namens aber auch das kleinste Gotteshaus im Komplex. Daneben gibt es noch die *Obbene, Dritt* und *Nieuwe Sjoel*. Dargestellt werden die Kultur und Religion der jüdischen Gemeinschaft in den Niederlanden, aber natürlich auch die Geschichte der Judenverfolgung.

Im Café des Museums können Sie koschere jüdische Spezialitäten probieren. *Tgl. 11–17 Uhr | Eintritt 12 Euro (MK) | Jonas Daniël Meijerplein 2–4 | www.jhm. nl | Tram 9, 14 Mr. Visserplein | Metro Waterlooplein*

6 PINTOHUIS (121 D4) (*G4*)
Die Angehörigen der jüdisch-portugiesischen Bankiersfamilie Pinto waren die Rothschilds des Goldenen Zeitalters. Um 1651 kauften sie dieses Wohnhaus gegenüber des Zuiderkerkhofs, das 1605 für einen Kaufmann der VOC errichtet worden war. Seine heutige klassizistische Fassade erhielt das Haus erst 1681. Im 20. Jh. verfiel der Bau; inzwischen ist er jedoch restauriert und dient als öffentliche Bibliothek. Im Eingang und im Lesesaal kann man noch immer die wunderschönen Wand- und Deckenmalereien aus dem 17. Jh. bewundern. *Sint Antoniesbreestraat 69 | Metro Nieuwmarkt*

7 REMBRANDTHUIS
(121 D4–5) (*G4*)
Rembrandt van Rijn (1606–1669) gehört zu den berühmtesten Amsterdamern aller Zeiten. Den Großteil seines Lebens verbrachte der in Leiden geborene Maler in der Grachtenstadt – unter nicht immer glücklichen Umständen. Nicht nur seine Lebensgefährtinnen, auch seine Finanzlage wechselte ständig. 1639 kaufte er dieses Haus im damaligen Judenviertel. Finanznot zwang ihn 1660, das Haus zu verkaufen und in eine Mietwohnung um-

Ruhe inmitten der Großstadt ist im Hortus Botanicus zu finden

Ein Nachbau zwar, aber so imposant wie das Original: Ostindienfahrer „Amsterdam"

zuziehen. Schon 1908 wurde das Haus in der Jodenbreestraat restauriert und in ein Museum umgewandelt, 1999 um einen Anbau erweitert. Der beherbergt die weltweit größte Sammlung von Radierungen, Kupferstichen und Zeichnungen des Künstlers. Der Altbau wurde dagegen so hergerichtet, wie er zu Rembrandts Zeiten ausgesehen haben mag, inklusive Atelier. *Tgl. 10–18 Uhr | Eintritt 12,50 Euro (MK) | Jodenbreestraat 4–6 | www.rembrandthuis.nl | Tram 9, 14 Mr. Visserplein | Metro Waterlooplein*

8 SCHEEPVAARTMUSEUM
(124 B5) (*J4*)

Das Schifffahrtsmuseum im einstigen Marinearsenal aus dem 17. Jh. besitzt eine große Sammlung mit Schiffsmodellen, alten Navigationsgeräten, Waffen, Karten und Gemälden, die die glanzvolle Geschichte der niederländischen Seefahrt illustrieren. Ende 2011 wurde es nach einer umfassenden Renovierung wiedereröffnet und bietet seitdem drei Multimedia-Themenausstellungen über den Walfang, das Goldene Zeitalter und den Amsterdamer Hafen der Gegenwart. In weiteren sieben Kabinetten werden Exponate wie Yachtmodelle und Seekarten gezeigt, die für Freunde der Schifffahrt interessant sind.

Neben dem Museum liegt der Nachbau des **INSIDER TIPP** Ostindienfahrers „Amsterdam", dessen Besuch im Museumseintritt inbegriffen ist. Auf der „Amsterdam" bekommen Sie einen guten Eindruck davon, wie ein Matrose im 18. Jh. lebte: Die Besatzung ist den ganzen Tag damit beschäftigt, Waren zu löschen, das Deck zu schrubben und Seefahrerlieder zu singen. Viel von der Welt gesehen hat das Original des Schiffs allerdings nicht – es sank auf seiner Jungfernfahrt in einem Sturm vor der englischen Küste. *Tgl. 9–17 Uhr | Eintritt 15 Euro (MK) | Kattenburgerplein 1 | www.scheepvaartmuseum.nl | Bus 22, 48 Kadijksplein*

9 TROPENMUSEUM ●
(129 E1) (∅ J5)

Leben und Kultur in tropischen und subtropischen Gebieten sind Thema dieses Museums. Es wurde 1910 als Kolonialmuseum gegründet. Gezeigt wurden lauter Gegenstände, die Niederländer aus den Kolonien in Südostasien und Südamerika mitgebracht hatten. Inzwischen sind im Tropenmuseum die unterschiedlichsten Objekte aus aller Herren Länder versammelt und werden mit Hilfe modernster Multimediatechnik nach Regionen geordnet präsentiert. Zu den Höhepunkten des Hauses gehören die nachgebauten Straßenzüge aus fernen Ländern, etwa ein Slum in Manila. *Di–So 10–17 Uhr | Eintritt 12 Euro | Linnaeusstraat 2 | www. tropenmuseum.nl | Tram 6, 9, 14 Mauritskade*

OUD ZUID & DE PIJP

Südwestlich vom Museumplein liegt das großbürgerliche Viertel *Oud Zuid*. Im 19. Jh. erbaut, sind die Häuser dort stattlicher, die Straßen breiter und die Grünflächen großzügiger als anderswo in der Stadt.

An seinem nordwestlichen Rand befindet sich der Vondelpark, die grüne Lunge Amsterdams, gestiftet von reichen Bürgern. Heutzutage ist der „Alte Süden" noch immer eines der exklusivsten Viertel von Amsterdam mit den höchsten Wohnungspreisen nach dem Grachtenring. Hier findet man Geschäfte mit gediegener Designermode, teure Restaurants und die besten Museen der Stadt. Im Osten schließt sich **INSIDER TIPP** *De Pijp* an, das zur selben Zeit als Arbeiterwohnviertel gebaut wurde. Was damals als ärmlich galt, finden heute viele pittoresk. Der multikulturelle Stadtteil ist zu einer Art Kreuzberg von Amsterdam geworden.

1 HEINEKEN EXPERIENCE
(128 B2) (∅ F6)

In der 135 Jahre alten Heineken-Brauerei an der Stadhouderskade wird zwar kein Bier mehr gemacht, dafür kann man eine interaktive Reise durch den Brauprozess unternehmen und eine eigene Heineken-Flasche entwerfen. Natürlich dürfen durstige Besucher zwischendurch auch

LOW BUDGET

▶ Jeden Mittwoch um 12.30 Uhr wird im *Concertgebouw* **(127 E3)** *(∅ E6) (Concertgebouwplein 2–6 | www. concertgebouw.nl | Tram 3, 5, 12, 16 Concertgebouw)* ein halbstündiges Lunchkonzert gegeben, zu dem der Eintritt frei ist.

▶ Wer das abgestufte Dach des grünen *Nemo Science Center* **(121 F2)** *(∅ H3) (Oosterdok 2 | 10 Min. Fußweg vom Hauptbahnhof)* erklimmt, bekommt gratis einen Panoramablick über die Amsterdamer Altstadt. Im Sommer gibt es dort auch noch ein Café mit gemütlichen Sitzsäcken.

▶ Verbilligte Eintrittskarten für diverse Sehenswürdigkeiten kaufen Sie in einem kleinen, namenlosen Laden an der Ecke *Damrak/Zoutsteeg* **(120 B3)** *(∅ G3)*. Einzige Auflage: Die Tickets sind nur außerhalb der populärsten Besuchszeiten gültig. Bei Madame Tussaud's gibt's z. B. bis zu 10 Euro Rabatt.

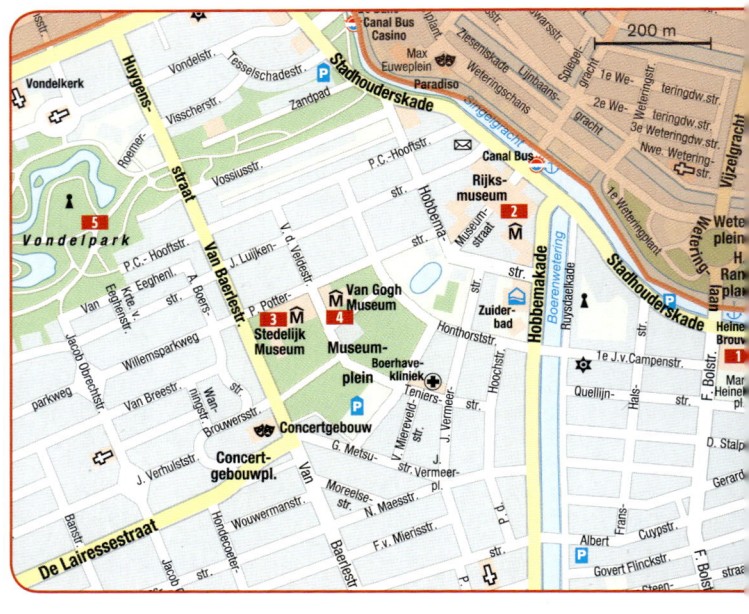

SEHENSWERTES IN OUD ZUID & DE PIJP

1 Heineken Experience **3** Stedelijk Museum **5** Vondelpark

2 Rijksmuseum **4** Van Gogh Museum

das eine oder andere Bierchen verkosten. *Tgl. 11–19 Uhr | Eintritt 18 Euro | Stadhouderskade 78 | Tram 16, 24, 25 Heinekenplein*

2 RIJKSMUSEUM ⭐ (127 F2) (*m F5*)
Unübersehbar thront das Rijksmuseum am Museumplein. Die altehrwürdige „Schatzkammer der Geschichte", vom Architekten Petrus J. H. Cuypers in einem Mischstil aus Neogotik und -renaissance entworfen und im Jahr 1885 eröffnet, beherbergt nicht nur eine der bedeutendsten Gemäldesammlungen der Niederlande, sondern auch eine schier unüberschaubare Menge historischer und kunsthandwerklicher Artefakte. 2013 wurde das Museum nach über zehnjährigem Umbau wiedereröffnet. Seither befindet sich der Eingang in einem neuen Atrium, das man vom Tunnel unter dem Gebäude aus betritt. Außerdem wurde ein kleiner Neubau für asiatische Kunst im Museumsgarten errichtet. Den Großteil des Baubudgets von 375 Mio. Euro verschlangen jedoch die Restaurierungsarbeiten in der Bibliothek und den Sälen, die nun wieder in alter Pracht erstrahlen – inklusive üppiger historischer Wanddekorationen. Schwerpunkt der Sammlung ist die Malerei des holländischen Goldenen Zeitalters. Dazu gehört natürlich Rembrandts Gemälde der „Kompanie des Kapitäns Frans Banning Cocq", besser bekannt als die „Nachtwache". Seine Auftraggeber waren 1642 mit Rembrandts

Arbeit nicht zufrieden. Heute kommen jährlich Millionen Besucher aus aller Welt, um das Gemälde aus nächster Nähe zu sehen. Darüber hinaus gibt es Meisterwerke von holländischen Malern wie Frans Hals, Jan Steen, Jacob van Ruisdael und Jan Vermeer zu sehen. Dichtes Gedränge herrscht stets vor Vermeers „Küchenmagd" (1660) und „Briefleserin" (1662–1664). Genrebilder wie diese bieten einen erstaunlichen Einblick in die bürgerlichen holländischen Wohnstuben des 17. Jhs. – so etwa auch Jan Steens Gemälde „Morgentoilette" (1663) oder Pieter de Hoochs „Vorratskammer" aus dem Jahr 1660. *Tgl. 9–18 Uhr | Eintritt 10 Euro (MK), bis zum 18. Lebensjahr gratis | Stadhouderskade 42 | www.rijksmuseum.nl | Tram 2, 5 Hobbemastraat*

🔳 STEDELIJK MUSEUM
(127 E2) *(🗺 E6)*

Das Stedelijk Museum besitzt eine der bedeutendsten Sammlungen moderner und zeitgenössischer Kunst in den Niederlanden. 2012 wurde es nach jahrelangen Umbau- und Erweiterungsarbeiten wiedereröffnet. Seitdem prangt an der Rückseite des Stammhauses aus dem 19. Jh. ein badewannenförmiger, futuristischer Anbau, entworfen vom Amsterdamer Architekturbüro Benthem Crouwel. Im Anbau – dessen Fassaden nahtlos mit Paneelen aus einem Komposit verkleidet sind, der bisher nur im Flugzeug- und Schiffsbau zum Einsatz kam – befinden sich das Foyer und zwei große Säle für Wechselausstellungen. Die Sammlung ist noch immer im Altbau zu sehen. Sie umfasst wichtige Werke der Moderne, von Claude Monet über Mondrian bis hin zu Karel Appel und Bruce Nauman. *Tgl. 10–18, Do bis 22 Uhr | Eintritt 10 Euro (MK) | Paulus Potterstraat 13 | www.stedelijk. nl | Tram 1, 2, 3, 5, 7, 10, 12, 14 Van Baerlestraat*

🔳 VAN GOGH MUSEUM ⭐
(127 E–F2) *(🗺 E6)*

Das staatliche Van Gogh Museum besitzt die weltweit größte Sammlung von Werken des berühmten Künstlers. Zu verdan-

Auch von außen der Anziehungspunkt am Museumplein: das Rijksmuseum

Der moderne Pavillon des Van Gogh Museums beherbergt Wechselausstellungen

ken ist dies der eigentlich sehr bedauerlichen Tatsache, dass Vincent van Gogh (1853–1890) zu seinen Lebzeiten so gut wie gar keine Bilder verkaufte: Sie blieben in der Familie, die dem Museum die 205 Gemälde und 500 Zeichnungen 1963 vermachte. Die Ausstellung folgt dem bewegten und tragischen Leben des Malers, von den Anfängen in den Niederlanden über seine Zeit in Paris und Südfrankreich bis zu seinem Tod in Auvers-sur-Oise. Zu den Höhepunkten der Sammlung gehören außer Selbstporträts und einer Version der „Sonnenblumen" auch die „Kartoffelesser", das „Gelbe Haus", das „Schlafzimmer" und das „Kornfeld mit Krähen".

Neben dem 1973 von Gerrit Rietveld erbauten Museum wurde 1999 ein drei Etagen hoher Pavillon eröffnet, der unterirdisch mit dem Altbau verbunden ist und in dem Wechselausstellungen mit Kunst aus Van Goghs Zeit stattfinden.

Tgl. 10–18, Fr bis 22 Uhr | Eintritt 15 Euro (MK) | Paulus Potterstraat 7 | www.vangoghmuseum.nl | Tram 1, 2, 3, 5, 7, 10, 12, 14 Van Baerlestraat

5 VONDELPARK ★ ●
(126–127 C–E 2–3) (C–E 5–6)

An Sommernachmittagen sieht man den Park vor lauter Menschen nicht. Der Vondelpark ist weniger Grünanlage als vielmehr Treffpunkt, Fahrradroute, Veranstaltungsort und Spielplatz der Amsterdamer. Schon in den Sechzigerjahren war er Versammlungsort für Hippies aus aller Welt, die sich dort sogar dauerhaft niederließen, bis die Polizei der Belagerung 1975 ein Ende machte. Dabei waren seine Anfänge äußerst bürgerlich. Der 48 ha große Park wurde 1877 als erster öffentlicher Park Amsterdams angelegt und nach dem Renaissancedichter Joost van den Vondel benannt. Betuchte Bürger hatten sich zusammengeschlossen,

mit einer der schönsten und lebhaftesten Terrassen, aber auch das Restaurant *Melkhuis* und das *Blaue Teehaus*. *Tram 1, 2, 3, 5, 7, 10, 12, 14 Van Baerlestraat*

AUSSERDEM SEHENSWERT

EYE FILM INSTITUTE (124 A2) (*⌖ G2*)
Unübersehbar thront seit 2011 der futuristische weiße Bau des Eye Film Institute am Nordufer des IJ hinter dem Hauptbahnhof. Entworfen wurde er vom österreichischen Architekturbüro Delugan Meissl, aus dessen Feder auch das Porsche Museum in Stuttgart stammt. Das skulpturale Gebäude beherbergt das *Niederländische Filmmuseum* mit vier Kinosälen, 1200 m² Ausstellungsräumen, einem Museumsshop und einem Café am Wasser. Im *Filmlab* können Sie sich durch eine interaktive Version der Museumssammlung klicken. Die fünfminütige ☆ Überfahrt mit der kostenlosen Fähre lohnt sich, um eine Filmvorführung oder Ausstellung zu besuchen, aber auch für einen Kaffee mit Blick aufs Wasser. *Tgl. 10–22 Uhr | IJpromenade 1 |*

um in ihrem neuen Villenviertel südlich des Grachtenrings eine grüne Lunge zu schaffen. Im Vondelpark liegen drei *Bühnen,* auf denen im Sommer **INSIDER TIPP** **Freiluftaufführungen** stattfinden. Für das leibliche Wohl sorgen das Café *Vertigo*

FREMDE PARKBEWOHNER

Wer im Sommer durch den Vondelpark geht, kann ihr Gekrächze oft nur hören; im Winter aber sind sie deutlich zwischen den kahlen Ästen der Bäume zu erkennen: knallgrüne Papageien. Es handelt sich um Halsbandsittiche, eine asiatische Papageienart, in Europa als Haustier weit verbreitet. 1976 ließ ein Vogelbesitzer sein Papageienpärchen im Vondelpark frei, weil es ihm zu viel Lärm machte. Die Vögel begannen

schnurstracks, sich kräftig zu vermehren. Mehrere Bäume im Park dienen ihnen als Schlafplätze. Gegen Sonnenuntergang versammeln sich dort jeden Tag Hunderte Papageien und veranstalten ein ohrenbetäubendes Konzert. Nicht nur manch ein Anwohner, sondern auch holländische Tierschützer sind von den Einwanderern allerdings wenig begeistert, denn sie machen einheimischen Vögeln Brutplätze und Futter streitig.

www.eyefilm.nl | kostenlose Fähre zum Buiksloterweg von der Nordseite des Hauptbahnhofs

IJBURG (131 D4) (*ω 0*)

Im Osten Amsterdams entsteht ein neues Archipel im IJsselmeer. Dort werden sieben künstliche Inseln aufgeschüttet und mit dem neuen Stadtteil IJburg bebaut, in dem einmal 45 000 Menschen wohnen und arbeiten sollen. Wer moderne Architektur mag, findet hier manch eine interessante Kuriosität. Vor allem auf dem *Steigereiland,* der stadtnächsten Insel, gibt es einiges zu sehen, vom Viertel mit treibenden Wohnhäusern bis hin zu Reihenvillen in knallbuntem Stilmix. Im Sommer lockt der sympathisch improvisierte ● Stadtstrand *Blijburg aan Zee* viele Innenstadtbewohner an das östliche Ende des neuen Archipels. *Mo geschl. | Muiderlaan 1001 | Tram 26 bis Endstation (IJburg), dann 5 Minuten Fußweg entlang Pampuslaan | www.blijburg.nl*

INSIDER TIPP NIEUWENDAM ●
(125 D–F 1–2) (*ω M–N1*)

Wer Stadt und Trubel mal entflüchten und holländisches Dorfleben sehen will, ohne weit fahren zu müssen, sollte sich den Nieuwendammerdijk ansehen. In diesem ehemaligen Deichdorf an der Nordseite des Flusses IJ reihen sich lauter niedliche, denkmalgeschützte Holzhäuser aneinander. Im Sommer sitzt man sehr schön vor dem kleinen Café am Hafen. *Bus 32 ab Centraal Station Merelstraat*

INSIDER TIPP HET SCHIP
(122 C1) (*ω E1*)

Seinen Namen erhielt dieser Wohnblock, den Michel de Klerk 1919 entwarf, auf Grund seiner Form, die an ein Schiff erinnert. Het Schip ist ein Paradebeispiel des Backsteinexpressionismus: Ungewöhnli-

che Ornamente und Fensterformen sowie hübsche, aber funktionslose Türmchen zieren den sozialen Wohnungsbau. Im Inneren des kurvig-geschwungenen Blocks sind eine von De Klerk gestaltete Postfiliale aus den 1920er-Jahren sowie eine Museumswohnung zu besichtigen. *Di–So 11–17 Uhr | Eintritt 7,50 Euro (MK) | Spaarndammerplantsoen 140 | Bus 22 Spaarndammerplantsoen*

AUSSERHALB

MARKEN (131 D3) (*ω 0*)

Mit seinen grünen Holzhäusern ist dieses Dorf, das seit der großen Juliansflut 1164 auf einer Insel im IJsselmeer liegt, ein echtes Stück Bilderbuchholland. Auf den Warften kuscheln sich die alten Häuschen aneinander, im Hafen dümpeln Segelboote, und manch eine ältere Dame trägt noch immer Tracht. Man

Mal einen Strandtag einlegen? Nur eine halbe Stunde braucht der Zug von Amsterdam nach Zandvoort

kann in einem der Hafencafés einen Kaffee mit Aussicht aufs IJsselmeer trinken oder einen Spaziergang zum Leuchtturm unternehmen. Nette Atmosphäre, garantiert ohne Bustouristen, bietet im Dorfzentrum das kleine Hotel-Restaurant **INSIDERTIPP** *Hof van Marken (Buurt II Nr. 15 | Tel. 0299 60 13 00 | www. hofvanmarken.nl). Bus 311 fährt alle 30 Min. vom Hauptbahnhof nach Marken, Fahrtdauer etwa 40 Min. | Hin- und Rückfahrt mit Waterlanddag-Kaart (beim Fahrer erhältlich) 10 Euro*

Wer mag und kann, erreicht Marken auch innerhalb von zwei Stunden auf einer schönen Fahrradtour. Hinter dem Hauptbahnhof nehmen Sie die Fähre zum IJplein, folgen der Meeuwenlaan, biegen anschließend rechts auf den Nieuwendammerdijk ab und bleiben dann immer auf dem Deich am IJsselmeer. Nach dem Dorf Uitdam rechts abbiegen und auf den Verbindungsdamm

nach Marken fahren. Die Entfernung beträgt in etwa 22 km.

ZANDVOORT (130 A4) (⌀ 0)
Kaum eine halbe Stunde dauert die Zugfahrt vom Hauptbahnhof nach Zandvoort aan Zee, das Nordseestrandbad vor den Toren Amsterdams. Schön ist das Städtchen mit den gesichtslosen Apartmentblöcken nicht. Dafür ist der Sandstrand endlos, und schon nach einem kurzen Spaziergang hat man den Ort hinter sich gelassen. An warmen Sommerwochenenden kann es sehr turbulent zugehen, in der Nebensaison ist man fast allein mit den Möwen. Typisch sind die von Traktoren über den Strand gezogenen Fischkarren, die allerlei Frittiertes und **INSIDERTIPP** leckere Krabbenbrötchen verkaufen. *Züge nach Zandvoort fahren alle 30 Min. ab Hauptbahnhof, im Winter muss man in Haarlem umsteigen | Hin- und Rückfahrtticket 10,20 Euro*

ESSEN & TRINKEN

Kambodschanisch, äthiopisch, peruanisch oder surinamisch – Abenteuerlustige können in Amsterdam eine kulinarische Weltreise unternehmen.

Zum Glück, meinen viele Gourmets, denn die einheimische Küche hat keinen guten Ruf. Dem Kalvinismus galt jede Form von Feinschmeckerei als überflüssig, ja sogar sündig, sodass man in Holland jahrhundertelang vorzugsweise Einfaches und Nahrhaftes zu sich nahm. Beispielhaft ist das Traditionsgericht *stamppot:* Kartoffelbrei gemischt mit Wurst- oder Fleischstücken und Kohl. In den vergangenen Jahren hat sich aber auch die holländische Küche weiterentwickelt. In guten Restaurants erfindet man moderne Varianten lokaler und saisonaler Spezialitäten, entdeckt vergessene Gemüsesorten wieder, experimentiert mit Einflüssen aus aller Welt. Niederländischer Spargel kann sich z. B. mühelos mit deutschem messen, und mit zartem *hollandse nieuwe haring* kann man manch einen Matjeshasser bekehren.

Auch Spezialitäten aus den ehemaligen niederländischen Kolonien sind inzwischen fest in der holländischen Küche verwurzelt. Jedes Kind in Amsterdam weiß, was *nasi goreng* (Reis mit Shrimps und Huhn) oder *saté* (Hühnerspieße mit Erdnusssauce) ist. Nicht umsonst zählen die indonesischen Restaurants in der Grachtenstadt zu den besten Europas. Darüber hinaus gibt es in der Chinatown die Gelegenheit, original chinesisches Essen ohne Zugeständnisse an den europäischen Gaumen zu kosten.

Bild: Restaurant Moeders

Pannekoeken, Pekingente und Bami Goreng: Amsterdams Küche ist so multikulturell wie seine Einwohner

Die Auswahl an Lokalen ist beinahe unüberschaubar. An jeder Ecke findet sich ein Imbiss oder ein Restaurant. Das Preisniveau ist relativ hoch und der Service gewöhnungsbedürftig – erwarten Sie keine deutsche Korrektheit! Recht günstig sind die typischen, gemütlichen *eetcafés,* in denen meist holländisches Essen mit mediterranem Einschlag geboten wird, und die prächtigen *Grand Cafés.* Dort herrscht moderne oder nostalgische Kaffeehausatmosphäre, den ganzen Tag über gibt es Kuchen und kleine Gerichte. Normale *cafés* sind eher mit deutschen Kneipen vergleichbar. Bezahlbar, lecker, aber nicht zum gemütlichen Sitzenbleiben geeignet sind die asiatischen Imbisse, die man vor allem in der Chinatown findet.

Beliebtestes Getränk ist noch immer das *biertje,* das wie das Kölsch in kleinen Gläsern serviert wird. Neben einheimischen Bieren wie Amstel oder Brandt sind die süßlichen belgischen Biere populär. Im Sommer sollte man *witbier* probieren, eine Art Weißbier mit Zitronenscheibe. Nicht verpassen sollte man den Wachol-

Traditionsreich: das Café Américain

derschnaps *genever* – je älter er ist, desto würziger wird er.

Mittags hat man es in Amsterdam übrigens schwer, wenn man mehr als ein belegtes Brötchen oder eine Suppe essen möchte. Die Holländer essen abends warm – traditionell schon gegen 18 Uhr, inzwischen etwas später –, weshalb die meisten Restaurants erst abends öffnen. Viele Imbisse und manche *eetcafés* schließen um 21.30 Uhr.

EETCAFÉS

DE BAKKERSWINKEL ♻
(122 C2) (*ᴨ E1*)
Filiale der kleinen Bakkerswinkel-Kette im früheren Regulatorhaus der Westergasfabriek. Serviert werden leckere Salate und Sandwiches, vorzugsweise mit Biozutaten aus der Region. *Mo geschl. | Polonceaukade 1–2 | Tel. 020 6 88 06 32 | Tram 10 Van Hallstraat*

CAFÉ AMSTERDAM (122 C2) (*ᴨ D2*)
Das ehemalige Pumpenhaus der Wasserwerke beeindruckt vor allem räumlich. Mittags bekommen Sie üppige Sandwiches, abends Steak und Pommes. *Tgl. | Watertorenplein 6 | Tel. 020 6 82 26 66 | Tram 10 van Hallstraat*

MORLANG (123 E6) (*ᴨ F4*)
Prächtiges Grachtenhaus, kreative internationale Küche, junges Publikum. Oben sitzt man schöner als im Souterrain. *Tgl. | Keizersgracht 451 | Tel. 020 6 25 26 81 | Tram 1, 2, 5 Keizersgracht*

PIET DE LEEUW (128 B2) (*ᴨ F5*)
Allererstes *eetcafé* in Amsterdam. Berühmt für Steaks und die riesige Seezunge, die nicht einmal auf den Teller passt. *Tgl. | Noorderstraat 11 | Tel. 020 6 23 71 81 | Tram 4, 9, 14 Rembrandtplein*

SPANJER & VAN TWIST
(123 E4) (*ᴨ F3*)
Hübsches Café mit beliebter kleiner Terrasse an der Leliegracht. Kleine Mittags- und Abendkarte, gute Häppchen zum Bier. *Tgl. | Leliegracht 60 | Tel. 020 6 39 01 09 | Tram 13, 14, 17 Westerkerk*

VILLA ZEEZICHT ★ (120 A2) (*ᴨ F3*)
Kleines Café, vor dem man im Sommer schön auf der Brücke über dem Singel sitzen kann. Leckere *broodjes,* himmli-

sche *appeltaart* mit Zimteis. *Tgl. | Torensteeg 7 | Tel. 020 6 26 74 33 | Tram 1, 2, 5, 13, 14, 17 Dam*

GRAND CAFÉS

CAFÉ AMÉRICAIN ★ (123 D6) (*ØD E5*)
Dieses elegante Jugendstilcafé ist im gleichnamigen Hotel untergebracht. *Tgl. | Leidseplein 97 | Tel. 020 5 56 30 09 | Tram 1, 2, 5, 7, 10 Leidseplein*

GRAND CAFÉ 1E KLAS (121 D1) (*ØD G3*)
Bahnhofscafés sind selten einladend, dies ist eine Ausnahme. Im historischen Fin-de-Siècle-Ambiente gibt es Hamburger und Apfelkuchen. *Tgl. | Stationsplein 15 | Gleis 2b im Hauptbahnhof | Tel. 202 6 25 01 31 | Tram alle Centraal Station*

DE JAREN (120 B5) (*ØD G4*)
Großes Café mit Restaurant im Obergeschoss. Einfaches, gutes Essen. Im Sommer sollten Sie einen Tisch auf der ⚘ Terrasse mit herrlichem Blick auf

die Stadt buchen. *Tgl. | Nieuwe Doelenstraat 20–22 | Tel. 020 6 25 57 71 | Tram 4, 9, 16, 24, 25 Muntplein*

STANISLAVSKI (127 F1) (*ØD E5*)
Das einstige Foyer der Stadsschouwburg ist jetzt ein schickes Grand Café mit Lounge-Atmosphäre. *Tgl. | Leidseplein 26 | Tel. 020 7 95 99 95 | Tram 1, 2, 5, 7, 10 Leidseplein*

RESTAURANTS €€€

INSIDER TIPP▶ BLAUW AAN DE WAL
(120 C3) (*ØD G3*)
Mitten im Rotlichtviertel führt ein enges Gässchen zu dieser kulinarischen Oase. Der Innenhof gehörte früher zum Bethanienkloster. Hervorragende französische Küche, guter Service. *So/Mo geschl. | Oudezijds Achterburgwal 99 | Tel. 020 3 30 22 57 | Metro Nieuwmarkt*

ENVY (123 D5) (*ØD E–F4*)
Angesagtes Restaurant mit modernem Interieur in einem schmalen Raum an

---

⭐ **Villa Zeezicht**
Köstliche *appeltaart* über der Gracht in entspannter Atmosphäre
→ S. 58

⭐ **Café Américain**
Grand Café im eleganten Art-déco-Stil
→ S. 59

⭐ **Greetje**
Genuss der seltenen Art: neue holländische Küche von Dünengemüse bis Blutwurst → S. 60

⭐ **Hoi Tin**
Riesenauswahl an Gerichten in der Chinatown → S. 63

⭐ **Moeders**
Traditionelle holländische Hausmannskost wie bei „Moeder"
→ S. 64

⭐ **Morita-Ya**
Bezahlbare japanische Kochkunst
→ S. 64

⭐ **Pata Negra**
Wo die Tapas wie in Spanien schmecken – inklusive Sevilla-Feeling
→ S. 64

⭐ **Tujuh Maret**
Authentische indonesische Küche
→ S. 65

MARCO POLO HIGHLIGHTS

SPEZIALITÄTEN

▶ **appeltaart** – Apfelkuchen, kalt oder warm, dazu gibt es *slagroom* (Schlagsahne)

▶ **ba pao** – gedämpftes chinesisches Brötchen, gefüllt mit Fleisch oder Gemüse

▶ **bitterballen** – panierte, frittierte Fleischbällchen

▶ **erwtensoep** – dicke Erbsensuppe mit Wursteinlage, mit Roggenbrot und Speck serviert

▶ **hollandse nieuwe** – junger Matjes

▶ **kipsaté** – indonesische Hühnchenspieße mit Erdnusssauce

▶ **koffie verkeerd** – (Kaffee verkehrt herum) Milchkaffee

▶ **kroket** – frittierte Fleisch- oder Garnelenkroketten

▶ **loempia** – Frühlingsrolle, mit oder ohne Fleisch

▶ **mosselen** – in Weißwein gekochte Miesmuscheln, serviert mit Pommes frites und Mayonnaise

▶ **nasi/bami goreng** – Reis bzw. Nudeln mit Shrimps und Hühnerfleisch (indonesische Spezialität)

▶ **oliebollen** – in Fett ausgebackene Rosinenkrapfen

▶ **ontbijtkoek** – Frühstückskuchen mit Honig, Ingwer, Zimt und Nelken

▶ **ossenworst** – rohe Rindfleischwurst, ursprünglich eine jüdische Spezialität

▶ **pannekoeken** – Eierpfannkuchen (Foto l.)

▶ **patat oorlog** – Pommes mit Mayonnaise, Erdnusssauce und Zwiebeln

▶ **poffertjes** – Mini-Eierpfannkuchen mit Puderzucker

▶ **roti** – indisch-surinamische Weizenfladen, gefüllt mit Fleisch oder Gemüse

▶ **stamppot** – Kartoffelbrei mit Wurst- oder Fleischstücken und Gemüse

▶ **uitsmijter** – „strammer Max" aus Brot, Kochschinken, Käse und Eiern (Foto r.)

▶ **vla** – dickflüssiger Pudding

---

der Prinsengracht. Man sitzt mit allen Gästen an der langen Theke, isst viele leckere, kleine Häppchen und trinkt dazu einen guten Tropfen von der umfangreichen Weinkarte. *Tgl. | Prinsengracht 381 | Tel. 020 3 44 64 07 | Tram 13, 14, 17 Westermarkt*

GREETJE ⭐ *(121 E4) (⌂ H4)*
In einer kleinen Seitenstraße versteckt sich dieses Restaurant mit entspannter Atmosphäre. Hier gibt es eine echte kulinarische Seltenheit: moderne holländische Küche, von gebackener Blutwurst über Heilbutt mit Dünengemüse bis hin

zu Crème Brûlée mit Süßholz. *Mo geschl. | Peperstraat 23 | Tel. 020 7 79 74 50 | Metro Nieuwmarkt*

HOTEL DE GOUDFAZANT
(125 D2) *(ⓜ K2)*
Angesagtes Restaurant in einem Industriegebiet in Noord. Unter einem riesigen Kronleuchter werden in rauer Lagerhausatmosphäre französisch-niederländische Gerichte serviert. *Mo geschl. | Aambeeldstraat 10h | Tel. 020 6 36 51 70 | Bus 38 Hamerstraat*

INSIDER TIPP ▶ DE KAS 🌳 (0) *(ⓜ K7)*
Im 8 m hohen Gewächshaus wird Biogemüse frisch aus dem eigenen Garten serviert. Aktuelle holländische Küche in ungewohnter Atmosphäre. Abends unbedingt reservieren! *So geschl. | Kamerlingh Onneslaan 3 | Tel. 020 4 62 45 62 | Tram 9 Hoogweg*

MAMOUCHE (128 B2) *(ⓜ F6)*
Edelmarokkaner in De Pijp. In der Mitte des Restaurants brodelt ein Kessel, aus dem man gratis Tee bekommt. Göttliche *tajine* (geschmortes Lamm mit Nüssen, Trockenfrüchten, Oliven und Koriander). *Tgl. | Quellijnstraat 104 | Tel. 020 6 73 63 61 | www.restaurantmamouche. nl | Tram 16, 24, 25 Albert Cuypmarkt*

DE OESTERBAR (127 F1) *(ⓜ E5)*
Traditionsreiches Fischrestaurant am Leidseplein mit großer Auswahl von zeeländischen Austern bis hin zu Hummer mit Kalbsbries. *Tgl. | Leidseplein 10 | Tel. 020 6 23 29 88 | Tram 1, 2, 5, 7, 10 Leidseplein*

PONT 13 (0) *(ⓜ 0)*
Auf dieser umgebauten IJ-Fähre, die etwas abgelegen im Holzhafen dümpelt, herrscht eine tolle Atmosphäre, und es gibt richtig gutes Essen. Empfehlenswert ist die Fischsuppe mit Rouille. *Tgl. | Haparandadam 50 | Tel. 020 7 70 27 22 | www. pont13.nl | Bus 48 Oostzaanstraat*

SEGUGIO (128 B1) *(ⓜ G5)*
Minimalistisch gestylter Italiener der edlen Sorte. Der Stockfisch und das Risotto mit weißen Trüffeln gehören zu den Klas-

Biokost im Gewächshaus: De Kas

sikern, und die Pasta wird täglich frisch zubereitet. Rechtzeitig reservieren! *So geschl. | Utrechtsestraat 96a | Tel. 020 3 30 15 03 | Tram 4 Prinsengracht*

DE SILVEREN SPIEGEL (120 B1) *(ⓜ G3)*
Uriges Restaurant in einem hutzeligen Haus aus dem Jahr 1614. Der Fokus liegt auf regionalen Produkten und zeitgenössischen Interpretationen der holländischen Küche. *So geschl. | Kattengat 4/ 6 | Tel. 020 6 24 65 89 | Tram 1, 2, 5, 13, 17 Nieuwezijds Kolk*

RESTAURANTS €€

VAN VLAANDEREN (128 B2) (*ω G6*)
Französische Küche auf Sterneniveau in intimer, freundlicher Atmosphäre. *So/Mo geschl. | Weteringsschans 175 | Tel. 020 6 22 82 92 | Tram 1, 2, 5 Spui*

D'VIJFF VLIEGHEN (120 A4) (*ω F4*)
Hölzerne Geneverfässer, Rembrandt-Stiche und eine Waffensammlung tragen zum authentischen Ambiente in den fünf Häusern aus dem 17. Jh. bei. Auch die Speisekarte gibt sich altholländisch. *Tgl. | Spuistraat 294–302 | Tel. 020 5 30 40 60 | Tram 1, 2, 5 Spui*

YAMAZOTO (128 B4) (*ω F7*)
Im Restaurant des japanischen Okura-Hotels fehlen weder Kellnerinnen im Kimono noch ein Fischteich. Das Sashimi wird auf Eis serviert, das Rindfleisch roh plus heißer Grillplatte. *Tgl. | Ferdinand Bolstraat 333 | Tel. 020 6 78 83 51 | Tram 25 Cornelis Troostplein*

RESTAURANTS €€

BALTHAZAR'S KEUKEN
(123 D5) (*ω E4*)
Kleines Restaurant mit offener Küche und intimer Atmosphäre. Sie können zwischen französisch angehauchtem Fisch- und einem Fleischmenü um 28 Euro wählen. Nur drei Abende pro Woche geöffnet. *Sa–Di geschl. | Elandsgracht 108 | Tel. 020 4 20 21 14 | Tram 7, 10 Elandsgracht*

CAFÉ DE PONT ☄ (124 A3) (*ω H2*)
Direkt neben dem Anleger der IJ-Fähre liegt dieses schlichte, nette Restaurant.

GOURMETTEMPEL

Beddington's (128 B2) (*ω G5*)
In einer kleinen Querstraße zur Utrechtsestraat bereitet Jean Beddington in ihrer offenen Küche ausgefallene Leckereien wie Black Pudding mit Jakobsmuscheln und Blumenkohl-Pannacotta. *Menü um 55 Euro | So/Mo geschl. | Utrechtsedwarsstraat 141 | Tel. 020 6 20 73 93 | Tram 4 Prinsengracht*

Breitner (128 C1) (*ω G5*)
Direkt an der Amstel liegt dieses Restaurant mit stilvollem Ambiente und schönem Blick auf die Magere Brug. Die Spezialität des Hauses ist gebratene Entenleber mit Birnen-Chutney. Auch das Weinarrangement ist berühmt. *Menü um 50 Euro | So geschl. | Amstel 212 | Tel. 020 6 27 78 79 | Metro Waterlooplein*

Christophe (123 E4) (*ω F3*)
Französische Sterneküche mit arabischem Touch und eine perfekte Bedienung gehören zum Repertoire. Das Restaurant an einer der schönsten Grachten Amsterdams ist sachlich-modern eingerichtet. *Menü um 70 Euro | So/Mo geschl. | Leliegracht 46 | Tel. 020 6 25 08 07 | Tram 13, 14, 17 Westermarkt*

Halvemaan (0) (*ω 0*)
Für Freunde kulinarischer Experimente lohnt sich der Weg in den Vorort Buitenveldert: Hier kommen Entenwürstchen mit Dattelpüree oder Tatar mit Austern auf den Teller. Im Sommer sitzt man sehr schön auf der Terrasse am Teich. *Menü um 70 Euro | Sa/So geschl. | Van Leijenberghlaan 320 | Tel. 020 6 44 03 48 | Metro Zuid W. T. C.*

Im Sommer sitzen Sie schön auf der Terrasse mit Blick aufs Wasser. Wechselnde Tageskarte, gute und bezahlbare Tapas. *Tgl. | Buiksloterweg 3–5 | Tel. 020 6 36 33 88 | Fähre Buiksloterwegveer (Abfahrt hinter dem Bahnhof)*

CASA PERÚ (123 D2) (*ɯ F4*)
Peruanisches Restaurant, geführt von einer freundlichen Familie aus dem Andenstaat. Lecker und immer frisch ist hier *ceviche* – in Zitronensaft gebeizter roher Fisch. *Tgl. | Leidsegracht 68 | Tel. 020 6 20 37 49 | Tram 7, 10 Raamplein*

FIFTEEN (124 C4) (*ɯ J3*)
Der britische Starkoch Jamie Oliver führt in Amsterdam einen Ableger seines Restaurants *Fifteen*. Am Eingang lockt zunächst die Cocktailbar. In der Trattoria essen Sie relativ günstig und gut à la carte, im Restaurant gibt es ein viergängiges Menü für 46 Euro. Nach Jamie selbst sucht man allerdings meist vergeblich: Nur die Rezepte stammen von ihm. *Tgl. | Jollemanhof 9 | Tel. 0900 3 43 83 36 | Tram 26 Kattenburgerstraat*

INSIDER TIPP GARTINE (120 B5) (*ɯ F4*)
Frühstücks- und Lunchrestaurant, versteckt in einer Seitenstraße der Kalverstraat. Serviert werden hier Produkte aus dem eigenen Gemüsegarten und der Region, von Rindfleischsalat mit geröstetem Kürbis bis hin zu Knackwürsten vom Beemsterlandschwein. *Mo/Di geschl. | Taksteeg 7 | Tel. 020 3 20 41 32 | Tram 4, 9, 14, 16, 24, 25 Spui*

GOLDEN TEMPLE (128 B2) (*ɯ G5*)
Dieses vegetarische Restaurant wartet mit einer Mischung aus indischen, arabischen und mexikanischen Gerichten auf. Rauchfrei, alkoholfrei, fleischfrei – gesünder geht's nicht. Die Inhaber sind

Lecker: Vegetarisches im Fifteen

Sikhs und bereiten auch vegane Mahlzeiten zu. *Tgl. | Utrechtsestraat 126 | Tel. 020 6 26 85 60 | Tram 4, 7, 10 Frederiksplein*

DE GOUDEN REAEL (123 E2) (*ɯ F1*)
Rustikale französische Küche in einem schönen Haus aus dem 17. Jh. Empfehlenswert: die Lammkeule aus dem Ofen. *Tgl. | Zandhoek 14 | Tel. 020 6 23 38 83 | Bus 28 Barentszplein*

HARKEMA (120 B4) (*ɯ G4*)
Hinter der Backsteinwand einer früheren Tabakfabrik verbirgt sich ein riesiges Restaurant mit modernem Design und trendigem Publikum. Gekocht wird hier international, aber das Essen ist eigentlich Nebensache: Man kommt wegen des Interieurs. *Tgl. | Nes 67 | Tel. 020 4 28 22 22 | www.brasserieharkema.nl | Tram 4, 9, 16, 24, 25 Dam*

HOI TIN ★ (121 D3) (*ɯ G3*)
Großes Restaurant in der Chinatown. Wer zum Mittagessen kommt, sitzt zwi-

schen ausgiebig tafelnden chinesischen Familien. Die Karte nimmt wenig Rücksicht auf den europäischen Gaumen und hält eine Vielfalt an Spezialitäten bereit. Große Auswahl an Dim Sum. *Tgl. | Zeedijk 122–124 | Tel. 020 6 25 64 51 | Metro Nieuwmarkt*

JAPANESE PANCAKE WORLD
(123 D4) (*Ш E3*)

Wer hätte das gedacht? Nicht nur in Holland, sondern auch in Japan sind Pfannkuchen als Fast Food weit verbreitet. In diesem Restaurant werden die asiatischen Kalorienbrummer vor den Augen der Gäste gezaubert. *Mo geschl. | 2e Egelantiersdwarsstraat 24a | Tel. 020 3 20 44 47 | www.japanesepancakeworld.com | Tram 13, 14, 17 Westermarkt*

LE ZINC ... ET LES AUTRES
(128 B1) (*Ш G5*)

Hinter der Lagerhausfassade aus dem 17. Jh. an der Prinsengracht wird raffiniert französisch gekocht. Krönender Abschluss des Mahls ist die Käseplatte, auf der sich auch viele holländische Spezialitäten finden. *So geschl. | Prinsengracht 999 | Tel. 020 6 22 90 44 | Tram 4 Prinsengracht*

LIEVE (120 A2) (*Ш F3*)

Wenn die Niederländer an den Belgiern eines schätzen, dann sind es ihre Kochkünste – und bei Lieve merkt man, weshalb. Zu Hirschpastete oder Seeteufel kann man ein belgisches Bier-Arrangement bestellen. *Tgl. | Herengracht 88 | Tel. 020 6 24 96 35 | Tram 13, 14, 17 Raadhuisstraat*

MEMORIES OF INDIA (120 B6) (*Ш G5*)

Zweigstelle des gleichnamigen Londoner Restaurants. Wartezeiten lassen sich mit ein paar leckeren Papadams mit Chutney versüßen. Achtung: Wenn hier ein Gericht als „scharf" beschrieben wird, dann ist es auch wirklich scharf. *Tgl. | Reguliersdwarsstraat 88 | Tel. 020 6 23 57 10 | Tram 4, 9, 14 Rembrandtplein*

MOEDERS ★ (123 D5) (*Ш E4*)

Futtern wie bei Muttern – weshalb die Wände auch mit Hunderten Fotos von Müttern behangen sind. Auf der Karte steht traditionell Holländisches, aber auch das eine oder andere mediterrane Gericht. *Tgl. | Rozengracht 251 | Tel. 020 6 26 79 57 | Tram 10, 13, 14, 17 Marnixstraat oder Rozengracht*

MORITA-YA ★ (121 D2) (*Ш G3*)

Japanisches Essen muss nicht teuer sein. Das beweist dieses kleine Restaurant mit anspruchslosem Interieur und umso besseren Fischgerichten und Sushi. *Mo geschl. | Zeedijk 18 | Tel. 020 6 38 07 56 | Metro Nieuwmarkt*

NEW KING (121 D3) (*Ш G3*)

Chinese mit schummrigem Design-Interieur, der immer brechend voll ist. China-Klassiker, aber auch Gerichte, die man sonst eher selten findet, von Auberginen mit Tofu bis hin zu gefülltem Tintenfisch. *Tgl. | Zeedijk 115–117 | Tel. 020 6 25 21 80 | Metro Nieuwmarkt*

PATA NEGRA ★ (128 B1) (*Ш G5*)

Spanien in Amsterdam: Wer durch die Tür dieses lauten, hektischen, immer vollen Tapasrestaurants tritt, fühlt sich plötzlich wie in Sevilla. Von der Decke hängen Schinken, darunter stehen einfache Holzbänke, der Wein wird in Tonkrügen serviert. *Tgl. | Utrechtsestraat 124 | Tel. 020 4 22 62 50 | Tram 4 Prinsengracht*

INSIDER TIPP PROEF (122 C2) (*Ш D1*)

Im Transformatorenhaus der Westergasfabriek werden „Essentwürfe" der Designerin Marije Vogelzang serviert. Alles

Die authentische Tapasbar Pata Negra liegt tatsächlich mitten in Amsterdam

ist auf charmante Art unkonventionell und ein echtes Erlebnis: Saft wird in Marmeladengläsern gereicht, Kräuter muss man selber mit der Schere abschneiden. Bezahlung nur mit EC-Karte. *Mo geschl. | Gosschalklaan 12 | Tel. 020 6 82 26 56 | Tram 110 Van Hallstraat*

INSIDER TIPP ► REM EILAND (0) (*ⓜ 0*)
Ein Kuriosum im alten Holzhafen: In den 1960ern stand dieses Turmkonstrukt in der Nordsee und beherbergte einen Piratensender, später diente es als Wassermessstation. 2011 wurde es im Holzhafen platziert, wo es nun als Restaurant mit Panoramaaussicht dient. Serviert werden neuholländische und mediterrane Gerichte. *Tgl. | Haparandadam 45 | Tel. 020 6 88 55 01 | Bus 22, 48 Oostzaanstraat*

SAMBA KITCHEN (128 A3) (*ⓜ F7*)
Dieser Brasilianer serviert zum Festpreis von 27,50 Euro den ganzen Abend lang so viel gegrilltes und mariniertes Fleisch plus Beilagen, wie Sie mögen. *Tgl. | Cein-tuurbaan 63 | Tel. 020 6 76 05 13 | Tram 3, 12, 25 Ferdinand Bolstraat*

DE STRUISVOGEL ☺ (123 D5) (*ⓜ F4*)
Gemütliches Kellerlokal mit gutem Bistro-Essen. Es gibt verschiedene Drei-Gänge-Menüs à 23 Euro, ausschließlich mit Biofleisch zubereitet. *Tgl. | Keizersgracht 312 | Tel. 020 4 23 38 17 | Tram 13, 14, 17 Westermarkt*

TUJUH MARET ★ (128 B1) (*ⓜ G5*)
Authentischer Indonesier, der die Küche der Region Minahasa im Norden der Insel Sulawesi pflegt. Wer von allem etwas probieren möchte, sollte eine der verschiedenen *rijsttafels* für zwei Personen bestellen. *Tgl. | Utrechtsestraat 73 | Tel. 020 4 27 98 65 | Tram 4 Keizersgracht*

YAM YAM (122 C4) (*ⓜ D3*)
Hier gibt es die beste, wenn auch nicht billigste Pizza von Amsterdam. Hauchdünne Böden, belegt mit Rucola, Parmaschinken oder Steinpilzen. Ein Muss ist das hausgemachte Eis mit Pistazien

Schon schwer, sich im quietschbunten Bazar aufs orientalische Essen zu konzentrieren

und Honig als Dessert. *Mo geschl. | Frederik Hendrikstraat 90 | Tel. 020 6 81 50 97 | Tram 3 Frederik Hendrikplein*

RESTAURANTS €

DE AARDIGE PERS (122 C4) (*E3*)
Persisches Restaurant, das seinem Namen, „der freundliche Perser", alle Ehre macht und am Wochenende oft voller persischer Großfamilien sitzt. Unbedingt probieren: Huhn mit Walnüssen und Granatapfelsirup. *Tgl. | 2e Hugo de Grootstraat 13 | Tel. 020 4 00 31 07 | Tram 3 Hugo de Grootplein*

BAZAR (128 B3) (*G6*)
Orient-Restaurant am Albert Cuypmarkt. Groß, laut, gesellig und mit viel arabischem Kitsch eingerichtet. Ab 9 Uhr morgens orientalisches Frühstück. *Tgl. | Albert Cuypstraat 182 | Tel. 020 6 75 05 44 | Tram 16, 24 Albert Cuypstraat*

BEYROUTH (122 C6) (*E4*)
Kichererbsenpüree, Falafel, Lammpastetchen und und und: Wenn man bei diesem netten Libanesen die *mezze*-Platte bestellt, stehen plötzlich 15 verschiedene kleine Gerichte auf dem Tisch. *Mo geschl. | Kinkerstraat 18 | Tel. 020 6 16 06 35 | Tram 7, 10, 17 Elandsgracht*

BIRD (121 D2) (*G3*)
Die Wände zieren Fotos des thailändischen Königspaars, aus der Stereoanlage quäkt Asiapop. Dieses Takeaway ist vor allem bunt, laut und ziemlich lustig. Nicht verwechseln mit dem gleichnamigen, viel teureren Restaurant gegenüber! *Tgl. | Zeedijk 77 | Tel. 020 4 20 62 89 | Metro Nieuwmarkt*

DE BRAKKE GROND (120 B4) (𝄞 G4)

Beliebtes Lokal des flämischen Kulturzentrums. Unten trubeliger Kneipenbetrieb, oben ruhigeres Restaurant. *Tgl. | Nes 43 | Tel. 020 6 26 00 44 | Tram alle außer 3, 7, 12, 26 Dam*

CHANG EXPRESS (121 D2) (𝄞 G3)

Imbiss von Surinamern mit chinesischen Wurzeln. Es gibt Surinamisches wie *moksi meti* (geräuchertes Fleisch mit Reis) oder Pfannkuchen mit Huhn. *Tgl. | Nieuwebrugsteeg 16 | 5 Min. zu Fuß vom Hauptbahnhof | Tel. 020 4 20 78 84*

KADIJK (121 F4) (𝄞 H4)

Von außen sieht es aus wie ein normales Café, aber auf der Karte stehen bezahlbare indonesische Spezialitäten. Lecker ist vor allem die Makrele. *Tgl. | Kadijksplein 5 | Tel. 020 1 77 44 41 | 10 Min. Fußweg vom Hauptbahnhof*

NAM KEE (121 D3) (𝄞 G3)

Der niederländische Filmhit „Die Austern von Nam Kee" machte diesen Chinesen zur Legende. Simple, bezahlbare Gerichte, gute Nudelsuppen, effiziente, aber nicht allzu freundliche Bedienung. *Tgl. | Zeedijk 111 | Tel. 020 6 24 34 07 | Metro Nieuwmarkt*

PALOMA BLANCA (126 C1) (𝄞 D5)

Zuckersüßen Minztee und köstlichen Couscous gibt es bei dem Marokkaner, aber keinen Alkohol. *Mo geschl. | Jan Pieter Heijestraat 145 | Tel. 020 7 71 46 06 | Tram 7, 10 Jan Pieter Heijestraat*

INSIDER TIPP PANCAKES!
(123 D5) (𝄞 F4)

Winziges Pfannkuchenrestaurant in einer Shoppingstraße. Leckere, dünne Pfannkuchen und kinderfreundliche Bedienung. Keine Reservierungen! *Tgl. | Berenstraat 38 | Tram 13, 14, 17 Westermarkt*

THE SEAFOOD BAR ☺ (127 E2) (𝄞 E5)

Fischrestaurant nahe dem Museumplein, in dem es sowohl 3-Gänge-Menüs als auch Fish & Chips und kleine Häppchen gibt – alles fangfrisch und aus nachhaltiger Zucht oder Fischerei. Keine Reservierungen! *Tgl. | Van Baerlestraat 5 | Tram 2, 3, 5, 12 Van Baerlestraat*

SEMHAR (122 C4) (𝄞 E3)

Beim Äthiopier werden die pikanten Gerichte statt mit Messer und Gabel mit einem Stück Pfannkuchen in der Hand gegessen. Dazu gibt's Bananenbier und INSIDER TIPP Mokka mit Weihrauch. *Tgl. | Marnixstraat 259–261 | Tel. 020 6 38 16 34 | Tram 10 Bloemgracht*

LOW BUDG€T

▶ Der Straßenstand *Vlaamse Friethuis* (120 B5) (𝄞 E4) (tgl. | Voetboogstraat 31 | Tram 1, 2, 5 Koningsplein) verkauft die besten Pommes von ganz Amsterdam, weshalb davor prinzipiell eine lange Schlange von Wartenden steht. Dazu gibt es 20 Sorten (!) Mayonnaise.

▶ Surinamische Brötchen sind exotisch, lecker und bezahlbar. Bei *Tjin's* (128 C2) (𝄞 G6) (tgl. | Van Woustraat 17 | Tram 4, 25 Stadhouderskade) bekommt man für 4 Euro z. B. ein Sandwich mit gepökeltem Rindfleisch und Schlangenbohnen.

▶ Arabische Kichererbsenbällchen in Pitabrot, dazu Selbstbedienung nach Herzenslust am Salatbüffet, gibt es im *Maoz Falafel* (120 B5) (𝄞 G4) (tgl. | Muntplein 1 | Tram 4, 9, 16, 24, 25 Muntplein).

EINKAUFEN

CITY **WOHIN ZUERST?**

Das typischste Shopping-
viertel Amsterdams bilden die
9 Straatjes (123 D–E5) (🗺 E–F4),
neun kleine Straßen, die zwischen
Westermarkt und Leidsegracht von
West nach Ost verlaufen: Reestraat,
Runstraat, Berenstraat und ihre Ver-
längerungen. Dort gibt's kleine Läden mit breitem Angebot, von Designermode über Kunstbücher und
Trödel bis zu holländischem Käse –
und viele nette Cafés. Man erreicht
die *9 straatjes* von den Stationen
Westermarkt (Tram 13, 14, 17), Dam
(Tram 1, 2, 5, 13, 14, 17) oder Spui
(Tram 1, 2, 5) aus.

**Amsterdam ist ein echtes Shoppingpa-
radies. Die Geschäfte in der Innenstadt
sind auch sonntags geöffnet, und die
Verkäufer bleiben selbst bei großem Ge-
dränge erstaunlich freundlich.**

Das Zentrum des Einkaufsgeschehens
liegt im Dreieck Dam, Muntplein und
Leidseplein. In den Einkaufszentren Kal-
vertoren und ● *Magna Plaza* shoppt es
sich auch bei schlechtem Wetter ange-
nehm. Was Amsterdam jedoch als Ein-
kaufsziel besonders interessant macht,
sind gerade die kleinen Läden, die soge-
nannten *winkels*. Eine bunte Mischung
aus solchen Shops und netten Cafés findet sich außer in den *9 straatjes* noch in
der Utrechtsestraat und auf dem Haarlemmerdijk. Rund um den Museumplein,
vor allem in der P. C. Hooftstraat, geht es

Winkelen im Shoppingparadies: Viele kleine Läden machen Amsterdam zum Mekka für Jäger und Sammler

edel zu: Dort sitzen internationale Designerlabels und Luxusboutiquen. Und wer sich für modernes Wohndesign interessiert, wird auf der Rozengracht fündig. Einen Besuch wert sind die Märkte, v. a. der Albert Cuypmarkt, auf dem man manch ein Mitbringsel finden kann. Wie international es in Amsterdam zugeht, spüren Sie besonders in den ● *tokos,* den kleinen exotischen Läden mit thailändischen, surinamischen und indischen Lebensmitteln, die Sie auch rund um den Albert Cuypmarkt finden.

ANTIQUITÄTEN

EDUARD KRAMER ★ (128 A1) *(⌀ F5)*
Antike holländische Wandkacheln für jedes Budget, von Barock bis Jugendstil und von weiß-blau bis bunt. *Nieuwe Spiegelstraat 64 | www.antique-tileshop. nl | Tram 16, 24, 25 Vijzelgracht*

DE LOOIER (123 D5) *(⌀ E4)*
De Looier ist der größte überdachte Antikmarkt der Niederlande. Über 70 Stände und mehrere Läden finden sich im

Pflanzen-Kreationen von Jemi

Gebäude an der Lijnbaansgracht, wobei mancher Stand kaum größer ist als eine Vitrine. Verkauft wird alles von Porzellan über Spielzeug bis hin zu Möbeln. *Elandsgracht 109 | Tram 7, 10, 17 Elandsgracht*

BLUMEN

JEMI (120 C2) (*☆ G3*)
Wer glaubte, dass man Schnittblumen nur in eine Vase stellen kann, wird hier eines Besseren belehrt. Man kann sie nämlich auch essen oder Taschen und Kleider daraus herstellen. *Warmoesstraat 83 a | Tram 4, 9, 16, 24, 25 Beurs van Berlage*

BÜCHER

ATHENAEUM (120 A5) (*☆ F4*)
Eine der bestsortierten Buchhandlungen der Stadt. Im angrenzenden Zeitungsladen findet man jede noch so exotische Zeitschrift. *Spui 14–16 | Tram 1, 2, 5 Spui*

BOEKENMARKT OUDEMANHUISPOORT ★
(120 C4–5) (*☆ G4*)
Dieser Büchermarkt liegt gut geschützt in einer Passage aus dem 18. Jh. im Universitätsviertel. *Oudemanhuispoort | Tram 4, 9, 14, 16, 24, 25 Rokin*

LAMBIEK (127 F1) (*☆ F5*)
Europas ältestes Comicantiquariat. Neben Comicheften sind auch Poster und Originalzeichnungen vor allem niederländischer Künstler im Angebot. *Kerkstraat 132 | www.lambiek.net | Tram 16, 24, 25 Keizersgracht*

DELIKATESSEN

DE BIERKONING (120 B3) (*☆ F3*)
300 verschiedene Biergläser und 900 Biersorten aus aller Welt, darunter unbekannte regionale, verkauft der „Bierkönig". *Paleisstraat 125 | www.bierkoning. nl | Tram 1, 2, 5, 13, 14, 17 Dam*

JACOB HOOY & CO ★
(120 C4) (*☆ G3*)
Diesen Gewürzladen zu betreten ist, als ob Sie eine kleine Zeitreise unternehmen würden. 500 Kräuter und Gewürze verströmen ihren Duft. Gelagert werden sie in goldbeschrifteten Holzschubladen und Fässern. Hinter der Theke stehen etwa 30 Gläser mit *drop* – salziger oder süßer holländischer Lakritze. *Kloveniersburgwal 10–12 | Metro Nieuwmarkt*

INSIDER TIPP ▶ KAASHUIS TROMP
(128 B1) (*☆ G5*)
Niederländischer und internationaler Käse stapelt sich in diesem kleinen Laden an der Utrechtsestraat bis unter die Decke. Das Personal ist sehr gerne behilf-

lich und lässt Sie auch probieren. *Utrecht-sestraat 90 | Tram 4 Prinsengracht*

MARQT ★ ☺ (123 F6) (*① G4*)
Schicker Supermarkt, der ausschließlich ökologische und regionale Produkte anbietet. Hier bekommt man Mitbringsel wie Käse, salzige Lakritze oder Bier lokaler Brauereien, aber auch frische Pizza und Salate zum Mitnehmen. *Utrecht-sestraat 17 | Tram 4, 9, 14 Rembrandtplein*

INSIDER TIPP ▶ PUCCINI (120 C5) (*① G4*)
Puccinis Pralinen sind groß, ungewöhnlich und unglaublich lecker. Im stilvoll eingerichteten Laden scheut man sich nicht, Schokolade mit Thymian, Zitronengras oder Gin zu parfümieren. *Staalstraat 17 | Tram 9, 14 Waterlooplein*

GALERIEN

GALERIE FONS WELTERS ●
(123 D4) (*① E3*)
Diese Galerie führt zeitgenössische niederländische Kunst, oft von der sperrigen Sorte. *Bloemstraat 140 | Tram 13, 14, 17 Westermarkt*

REFLEX GALERIE (127 F2) (*① F5*)
Ungewöhnliche zeitgenössische Fotokunst bildet den Schwerpunkt dieser Galerie gegenüber vom Rijksmuseum. *Weteringschans 79a | Tram 6, 7, 10 Spiegelstraat*

KAUFHÄUSER

BIJENKORF ★ (120 B3) (*① F3*)
Die renommierteste Kaufhauskette der Niederlande wurde 1870 gegründet, 1915 baute man das Warenhaus am Dam. Im „Bienenkorb" ist alles etwas edler als anderswo. *Dam 1 | Tram alle Linien (Dam) außer 3, 7, 10, 12*

INSIDER TIPP ▶ HEMA (120 B5) (*① F4*)
Aus der „Holländischen Einheitspreisgesellschaft" ist eine Art niederländischer Ikea geworden. Günstige Waren mit minimalistischem, oft erstaunlich schönem Design. *Z. B. im Shoppingcenter Kalverto-*

★ **Eduard Kramer**
Altholländische Wandkacheln in jeder Farbe, für jeden Geldbeutel
→ S. 69

★ **Boekenmarkt Oudemanhuispoort**
Alte Bücher in einer historischen Passage → S. 70

★ **Jacob Hooy & Co**
Hier verströmen Gewürze und Tees ihren Duft → S. 70

★ **Marqt**
Supermarkt voller holländischer Regional- und Ökoprodukte → S. 71

★ **Bijenkorf**
Traditionsreiches Kaufhaus am Dam
→ S. 71

★ **Albert Cuypmarkt**
Multikultureller Freiluftmarkt
→ S. 72

★ **Heinen Delftware**
Hier gibt's das echte Delfter und anderes handbemaltes Porzellan
→ S. 74

★ **Hajenius**
Zwischen Holzvertäfelung und Kristalllüstern liegt das Paradies für Zigarrenliebhaber → S. 75

MARCO POLO HIGHLIGHTS

ren (Kalverstraat | Heiligeweg | Tram 4, 9, 14, 16, 24, 25 Muntplein)

MAISON DE BONNETERIE
(120 B5) (*F4*)

Vornehmes, alteingesessenes Kaufhaus. Haute Couture für Damen und Herren. Wunderschön: der **INSIDER TIPP** Lichthof des alten Gebäudes. *Rokin 140–142 | Tram 4, 9, 14, 16, 24, 25 Muntplein*

KURIOSES

KITSCH KITCHEN SUPERMERCADO
(123 D4) (*E3*)

Hier ist alles kreischend bunt und wild gemustert: witzige Haushaltsartikel aus Dritte-Welt-Ländern. *Rozengracht 8–12 | Tram 13, 14, 17 Westermarkt*

PERFUMES OF THE PAST
(123 E3) (*F2*)

Winziger Laden, der so gut wie jeden Parfumklassiker auf Lager hat. *Binnen Ora-*

niestraat 11 | 10 Min. Fußweg vom Hauptbahnhof

DE WITTE TANDEN WINKEL
(123 D5) (*F4*)

Nichts als Zahnbürsten gibt's in diesem *winkel*, von ausgefallenen Liebhabermodellen bis zu zahnhygienischen Spezialgeräten. *Runstraat 5 | Tram 13, 14, 17 Westermarkt*

MÄRKTE

ALBERT CUYPMARKT ★
(128 B3) (*F–G6*)

Auf diesem größten und bekanntesten Freiluftmarkt Amsterdams geht es in jeder Hinsicht multikulturell zu. Zu erleben, riechen und kaufen gibt es Gemüse, Fisch, Käse, Gewürze und Blumen, aber auch indische Stoffe und afrikanisches Haargel. *Mo–Sa 9.30–17 Uhr | Tram 16, 24 Albert Cuypstraat; 4, 25 Stadhouderskade*

Kappen, Sonnenbrillen, Stoffe, Fisch – auf dem Albert Cuypmarkt gibt es fast alles

BLUMENMARKT (120 A–B5) (*⊞ F4*)

Hier gibt es alles, was das Gärtnerherz erfreut: Blumenzwiebeln, Zimmerpflanzen und Balkongrün – allerdings zu recht gesalzenen Preisen. *Mo–Sa 9.30–17 Uhr | Singel | Tram 1, 2, 4, 5 Koningsplein; 9, 14, 16, 24, 25 Muntplein*

NOORDERMARKT (123 E3) (*⊞ F2*)

Um die Noorderkerk herum können Sie montags Trödel und samstags Bioprodukte kaufen. Der Bummel über den ⏱ Biomarkt lässt sich mit einem Gang über den Wochenmarkt in der direkt angrenzenden Lindengracht angenehm ergänzen. *Mo 9–16 Uhr Flohmarkt, Sa 9–16 Uhr Biomarkt | Noordermarkt und Westerstraat | Tram 13, 14, 17 Westermarkt*

WATERLOOPLEIN (121 D5) (*⊞ G4*)

Der einzige regelmäßige Flohmarkt der Stadt auf dem Waterlooplein. Hier findet sich alles Mögliche und Unmögliche, von Fahrradschläuchen über Weihrauchschwenker bis zu Lederjacken aus zweiter Hand. *Mo–Sa 10–17 Uhr | Waterlooplein | Tram 9, 14 | Metro Waterlooplein*

MODE & ACCESSOIRES

MARLIES DEKKERS (123 D5) (*⊞ F4*)

Flagshipstore der „Grande Dame" der niederländischen Dessousmode. Die rüschenlose, sehr sexy Unterwäsche wird in luxuriösem Schneewittchen-Ambiente präsentiert. *Berenstraat 18 | Tram 13, 14, 17 Westermarkt*

INDIVIDUALS (120 B5) (*⊞ F4*)

Alle halbe Jahr gibt es in diesem Laden eine neue Kollektion mit Kreationen von 13 Amsterdamer Modestudenten. Beliebt bei Stylisten und Moderedakteuren auf der Suche nach neuen Talenten. *Spui 23 | Tram 1, 2, 4, 5, 9, 14, 16, 24, 25 Spui*

JAN (123 F6) (*⊞ G5*)

Hier bekommen Sie designigen Schnickschnack aller Art, von Handtaschen über Schmuck bis zu Lifestyle-Büchern und Wohnaccessoires. *Utrechtsestraat 74 | Tram 4 Keizersgracht*

INSIDER TIPP JUTKA & RISKA
(122 C5) (*⊞ D4*)

Etwas ab vom Schuss, aber für die Vintagemode und -accessoires aus den 1970er- und 1980er-Jahren, gemischt mit Neuware vom eigenen Label der Schwestern Jutka und Riska Volkerts, lohnt sich der Abstecher. *Bilderdijkstraat 194 | Tram 3, 7, 10, 12, 14, 17 Bilderdijkstraat*

FRANS MOLENAAR (127 E2) (*⊞ E6*)

Legendärer niederländischer Avantgardedesigner, der schon seit den 1960er-Jahren klaren Linien und geometrischen Mustern verpflichtet ist. *Jan Luyckenstraat 104 | Tram 2, 5 Hobbemakade*

NUKUHIVA ⏱ (123 E3) (*⊞ G2*)

Den Jeans und Basics merkt man es nicht an, aber die kleine Boutique ist auf FairTrade-Mode spezialisiert. Ein Teil des Gewinns geht an Bildungsprojekte in der Dritten Welt. *Haarlemmerstraat 36 | 10 Min. Fußweg vom Hauptbahnhof*

SISSY BOY (125 E4) (*⊞ L3*)

Niederländische Modekette, die auch Wohnaccessoires verkauft. Neben tragbaren Kleidern und Basics auch schöne Schals der Marke *Jago. KNSM-laan 19 | Tram 10 Azartplein*

SPRMRKT (123 D5) (*⊞ E4*)

Neue Designermode, gebrauchte Designermöbel und allerhand trendige Accessoires gibt es in diesem hallenartigen Laden an der Rozengracht. *Rozengracht 191–193 | Tram 13, 14, 17 Marnixstraat*

SCHMUCK & DIAMANTEN

INSIDER TIPP **YDU – YOUNG DESIGNERS UNITED** (123 E6) (*∅ F4*)
Junge, unbekannte Designer können hier für ihre Kreationen Platz auf der Kleiderstange mieten. Von jedem Entwurf gibt es garantiert nur vier Stück. *Keizersgracht 447 | Tram 1, 2, 5 Keizersgracht*

SCHMUCK & DIAMANTEN

Die meisten Schmuckläden und Juweliere liegen im Langebrugsteeg und am Grimburgwal (nahe Muntplein).

GASSAN DAM SQUARE
(120 B3) (*∅ F3*)
Für den kleinen Edelsteinkauf zwischendurch: der große Diamanthandel direkt am Dam. Außer Diamantschmuck gibt's hier auch kostbare Markenuhren. *Rokin 1–5 | Tram alle Linien (Dam) außer 3, 7, 10, 12*

LIJFERING & ROS (120 C4) (*∅ G4*)
Jugendstilschmuck und alte Uhren werden von Paul Lijfering und Angelique Ros liebevoll aufgearbeitet und verkauft. *Oudemanhuispoort 1a | Tram 9, 14, 16, 24, 25 Muntplein*

SCHUHE

JAN JANSEN (120 B4) (*∅ F4*)
International bekannter Schuhdesigner, dessen extravagante Werke sogar schon im Stedelijk Museum ausgestellt wurden. *Rokin 42 | Tram 4, 9, 14, 16, 24, 25 Rokin*

INSIDER TIPP **OTTEN & ZOON**
(128 B3) (*∅ F6*)
Seit 1898 findet man in der Seitenstraße des Albert Cuypmarkts die echten Klompen und andere Gesundheitsschuhe – garantiert ohne Touristenzuschlag. *1e van der Helststraat 31 | Tram 16, 24, 25 Albert Cuypmarkt*

INSIDER TIPP **UNITED NUDE**
(120 A4) (*∅ F4*)
Niederländisches Schuhdesign mit Auge für ausgefallene Absätze vom Neffen des berühmten Architekten Rem Koolhaas. *Spuistraat 125A | Tram 1, 2, 5 Spui*

ZWARTJES VAN 1883 (128 B1) (*∅ G5*)
Traditionsreiches Schuhgeschäft mit gediegener Atmosphäre. Die Betonung liegt auf guter Qualität und Komfort. *Utrechtsestraat 123 | Tram 4 Keizersgracht*

SOUVENIRS

HEINEN DELFTWARE ⭐
(127 F1) (*∅ F3*)
Vater Jaap und Sohn Joris bemalen das Porzellan zum Teil noch selbst, verkaufen

---

LOW BUDGET

▶ Weniger pittoresk, aber günstiger als der Albert Cuypmarkt ist der *Dappermarkt* **(129 E1)** (*∅ K5*) (*Mo–Sa 10–16.30 Uhr | Dapperstraat | Tram 14 Pontanusstraat | Tram 9 1e van Swindenstraat*) in der Dapperstraat.

▶ In niederländischen Supermärkten sind *exotische Gewürze* wesentlich billiger als anderswo in Europa. Dank der ehemaligen Kolonie Indonesien hat man eine riesige Auswahl – von getrocknetem Zitronengras über Kreuzkümmel bis zu Bockshornklee.

▶ Kaufen Sie Blumen und Blumenzwiebeln auf den Wochenmärkten! Dort kosten sie nur halb so viel wie auf dem Blumenmarkt am Singel.

---

aber auch Ware aus den Königlichen Manufakturen in Delft. *Prinsengracht 440 | Tram 13, 14, 17 Westermarkt*

THINKING OF HOLLAND
(124 B4) (*⟨∅⟩ J3*)

Dieser Souvenirladen kommt ganz ohne Holzschuhe und Tulpenzwiebeln aus. Zum Angebot gehören stattdessen allerlei originelle Mode- und auch Wohnaccessoires von niederländischen Designern, von günstig bis exklusiv. *Piet Heinkade 23 (im Kreuzfahrtterminal) | Tram 25, 26 Muziekgebouw*

TABAK

HAJENIUS ⭐ (120 B4) (*⟨∅⟩ F4*)

In dem gediegenen Empireinterieur dieses alteingesessenen Tabakwarengeschäfts mit Holzvertäfelung und Kristalllüstern werden schon seit 1826 Tabak, Zigaretten und handgerollte Zigarren verkauft. *Rokin 92 | Tram 4, 9, 14, 16, 24, 25 Rokin*

WOHNDESIGN

DROOG@HOME (120 C5) (*⟨∅⟩ G4*)

Mitte der 1990er-Jahre wurde Droog Design mit seinen experimentellen Entwürfen bekannt. Seit einigen Jahren hat das Designerkollektiv einen eigenen Laden mit Galerie. *Staalstraat 7b | Tram 9, 14 Waterlooplein*

INSIDER TIPP ▶ FROZEN FOUNTAIN
(123 D6) (*⟨∅⟩ F4*)

Unkonventionelle Designideen vom Stuhl bis zur Lampe, die nicht von der Stange kommen, dafür aber etwas mehr kosten. *Prinsengracht 645 | Tram 1, 2, 5, 7, 10 Raamplein*

WAAR ☺ (120 B5) (*⟨∅⟩ F4*)

Fair-Trade-Laden, der auf Design setzt. Bei Waar kaufen Sie außer Fair-Trade-Lebensmitteln auch Geschirr, Vasen, Körbe und Badaccessoires mit modern-minimalistischer Formgebung. *Heiligeweg 45 | Tram 1, 2, 5 Koningsplein*

Designerwaren von der eher ausgefallenen Sorte: Frozen Fountain

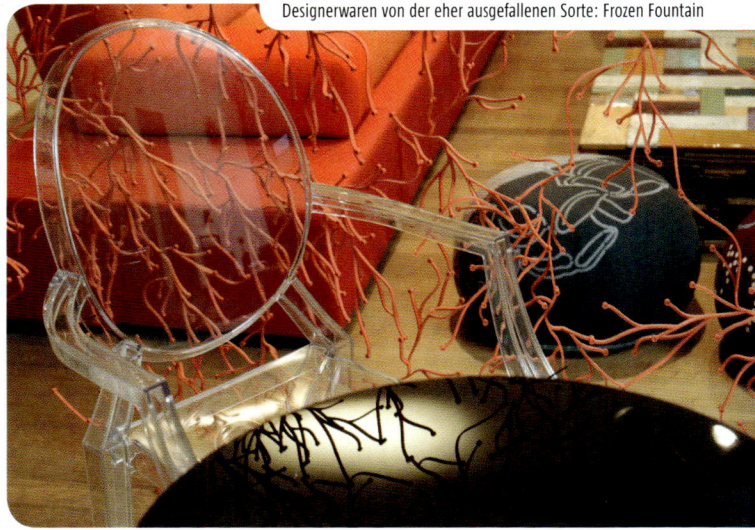

AM ABEND

CITY **WOHIN ZUERST?**

Amsterdams **Leidseplein (123 D6) (☽ E5)** ist das Vergnügungszentrum der Stadt. Rund um den etwas chaotischen Platz herrscht abends Halligalli: in vielen Kneipen, aber auch in Kinos, Theatern und Clubs. Direkt am Platz stehen die Stadsschouwburg, das Kino City und das Kulturzentrum De Balie. In den Gassen rund um den Leidseplein verstecken sich Clubs wie Jimmy Woo und Sugar Factory, Paradiso und Melkweg sind auch nicht weit. Sie nehmen am besten die Straßenbahn: Tram 1, 2, 3, 5, 7, 10 und 13 halten am Leidseplein.

Vor allem am Wochenende scheint Amsterdam überhaupt nicht zu schlafen. Die ganze Nacht hindurch herrscht im Zentrum Trubel: Taxis und Radfahrer verstopfen die Gassen, im Sommer sind die vielen Straßencafés voll besetzt. Mittelpunkt des nächtlichen Vergnügens sind **Leidseplein und Rembrandtplein. Weniger touristisch geht es rund um Spui und Nieuwmarkt sowie im Viertel De Pijp zu.** Traditioneller Beginn des Abendprogramms ist die *borreluur:* Nach Büroschluss treffen sich die Kollegen in einem „braunen Café", einer holzgetäfelten Kneipe, zu Bier und Häppchen. Für kulturelle Unterhaltung sorgen unzählige Theater, allerdings größtenteils auf niederländisch. Keine Sprachprobleme haben Besucher bei den berühmten

Borreluur, Musik und Grachtenfahrten: Nach Sonnenuntergang ist in der Innenstadt fast noch mehr los als am Tag

holländischen Tanzgruppen und Musikensembles wie dem *Concertgebouworkest* oder dem *Nederlands Dans Theater.* Man sollte frühzeitig Karten kaufen, an der Abendkasse gibt es nur selten noch Tickets. Information, Vorverkauf und Reservierungen beim *Amsterdam Uitbureau* in der Stadsschouwburg *(S. 111).* Große Auswahl haben Sie auch bei Popkonzerten und vor allem Diskos. Dagegen sind Cocktailbars eher rar, denn die Amsterdamer bevorzugen im Allgemeinen gemütliche Bierkneipen.

BARS

NOL (123 D3) *(🏵 F3)*

Echte Jordaan-Bar mit Blumentapeten und Kristalllüstern. Oft singt die Stammkundschaft die holländischen Schlager vom Band mit. *Westerstraat 109 | Tram 3 Marnixplein*

INSIDER TIPP ▶ SKYLOUNGE ☼
(124 A4) (🏵 H3)

Die Skylounge im 11. Stock des Doubletree-Hotels besucht man nicht wegen der

77

Genug zu trinken: Über 200 Biersorten In de Wildeman

fert die Küche des angrenzenden Sternerestaurants *Ciel Bleu* auf Wunsch exklusive Häppchen. *Ferdinand Bolstraat 333 | Tram 24, 25 Cornelis Troostplein*

CAFÉS & KNEIPEN

Unter der Woche sind Cafés und Kneipen meist bis ein Uhr geöffnet, am Wochenende zwei Stunden länger.

DE BALIE (127 F1) (*M F5*)

Großraumcafé, kleines Restaurant und Kulturzentrum am Leidseplein. Das Café füllt sich besonders vor und nach Vorträgen oder Filmaufführungen in den angeschlossenen Sälen. *Kleine Gartmanplantsoen | Tram 1, 2, 5, 6, 7, 10 Leidseplein*

BROUWERIJ 'T IJ ☺ (125 F6) (*M K4*)

Einer der wenigen Biergärten in Amsterdam, direkt neben einer historischen Windmühle gelegen. In der Mühle sitzt die lokale Brauerei 't IJ, deren Biere alle 100 % ökologisch und ungefiltert sind. *Tgl. | Funenkade 7 | Tram 10 Hoogte Kadijk; 14 Pontanusstraat*

DE OOSTERLING ● (128 B2) (*M G5*)

Traditionskneipe mit original Amsterdamer Publikum, über 100 Jahre in Familienbesitz. Rustikale Holzeinrichtung, viele Biersorten, keine Musik. *Utrechtsestraat 140 | Tram 4, 6, 7, 10 Frederiksplein*

VYNE (123 D5) (*M F4*)

Wein ist das große Thema in der Bar Vyne. Die gesamte linke Seite des Raums zieren deshalb Kühlschränke voller Weinflaschen. *Prinsengracht 411 | Tram 13, 14, 17 Westermarkt*

IN DE WILDEMAN ⭐ (120 C2) (*M G3*)

Dieses *proeflokaal* in einer alten Schnapsfabrik sieht aus wie eine Mischung aus Kneipe und altertümlicher Apotheke.

Atmosphäre, sondern wegen der Aussicht, denn sie bietet einen unvergleichlichen Blick über Altstadt, Hafen und IJ – und zwar auch tagsüber. *Tgl. 11–1 Uhr | Oosterdoksstraat 4 | 5 Min. Fußweg vom Hauptbahnhof*

SUPPERCLUB BAR (120 B3) (*M F4*)

In der blutroten Bar und der blendend weißen Lounge legen wochenends DJs auf, sonst gibt es sanfte Klänge aus der Dose und jede Menge schöne Menschen. *Jonge Roelensteeg 21 | Tram alle Linien (Dam) außer 3, 7, 10, 12*

TWENTY THIRD BAR ❄ (128 B4) (*M F7*)

Nach einer Renovierung ist aus der einst altmodischen Cocktailbar im 23. Stock des Okura-Hotels inzwischen eine schicke Loungebar geworden. An der unvergleichlichen Panorama-Aussicht hat das natürlich nichts geändert. Dazu lie-

Über 200 Biersorten, 17 davon vom Fass. *So geschl. | Kolksteeg 3 | Tram 1, 2, 5 Kolk*

INSIDER TIPP **WYNAND FOCKINK**
(120 B3) (*ω G4*)

1679 eröffnetes winziges *proeflokaal* (Probierstube) in einer überdachten Gasse neben dem Krasnapolsky-Hotel. Dahinter liegt die Brennerei, in der die 60 Hausschnäpse hergestellt werden. Nur bis 21 Uhr geöffnet! *Pijlsteeg 31 | Tram alle außer 3, 7, 12, 26 Dam*

CLUBS & DISKOS

Die Amsterdamer Clubszene ist ziemlich entspannt: Dresscodes gibt es hier kaum, und auch die Türsteher stellen meist kein echtes Problem dar. Manchmal müssen Sie allerdings ganz geduldig Schlange stehen.

CLUB AIR (120 G6) (*ω C4*)

Großer Club mit elektronischen Klängen von der experimentelleren Sorte. Ein Prepaid-System vereinfacht das Bezahlen an

der Bar. *Amstelstraat 16 | www.air.nl | Tram 4, 9, 14 Rembrandtplein*

INSIDER TIPP **CLUB TROUW**
(129 D3) (*ω H6*)

Im Obergeschoss einer alten Zeitungsdruckerei können Sie erst essen, später am Abend tanzen. Raue, industrielle Atmosphäre und meist elektronische Klänge. *Wibautstraat 127 | www.trouwamsterdam.nl | Metro Wibautstraat*

ESCAPE (120 C6) (*ω G4*)

Einer der größten Clubs: Bis zu 2500 Gäste finden Platz. Am Wochenende muss man lange Schlange stehen und wird manchmal dennoch abgewiesen. *Rembrandtplein 11–15 | Eintritt ab 12 Euro | www.escape.nl | Tram 4 Rembrandtplein*

JIMMY WOO ⭐ (127 F1) (*ω E5*)

Angesagter Club mit chinesischem Touch. Auf einer riesigen Tanzfläche unter zwölftausend Glühlampen tummeln sich die Jungen und Schönen von Amsterdam bei House-Musik. Danach entspannt man

⭐ **In de Wildeman**
Entscheiden schwer gemacht: In dem uralten *proeflokaal* gibt es mehr als 200 Biersorten → S. 78

⭐ **Jimmy Woo**
Chinesisch angehauchter Stern am Amsterdamer Abendhimmel → S. 79

⭐ **Paradiso**
Pop, Rock und Techno in sakraler Umgebung → S. 80

⭐ **Grachtenfahrten**
Einzigartig: nachts über die Kanäle gleiten → S. 80

⭐ **Tuschinski**
Sehenswertes Kino – innen und außen → S. 82

⭐ **Concertgebouw**
Eins der berühmtesten Orchester genießt hier die legendäre Akustik → S. 82

⭐ **Het Muziektheater**
Etwas für jede Gemütslage: Von experimentellem Tanz bis hin zu großen Opern → S. 83

⭐ **Stadsschouwburg**
Theaterpalast am Leidseplein mit großem Programm → S. 83

MARCO POLO HIGHLIGHTS

sich in der Lounge auf schwarzen Ledersofas zwischen asiatischen Antiquitäten. *Korte Leidsedwarsstraat 18 | Eintritt ab 10 Euro | www.jimmywoo.com | Tram 1, 2, 5, 6, 7, 10 Leidseplein*

MELKWEG (127 F1) (⑳ E5)
Legendäres Kulturzentrum in einer früheren Molkerei. Wechselndes Programm mit Konzerten, Disko, Filmen und Ausstellungen. *Café ab 13, Küche 18–21 Uhr | Lijnbaansgracht 234 | Eintritt je nach Veranstaltung 4–15 Euro | www.melkweg.nl | Tram 1, 2, 5, 6, 7, 10 Leidseplein*

PARADISO ⭐ (127 F1) (⑳ F5)
Diese legendäre Disko und Konzertbühne ist in einer ehemaligen Kirche untergebracht und zählt seit den Tagen des Punk zu den festen Institutionen im Amsterdamer Nachtleben. Wechselnde Veranstaltungen, wochenends legen Techno-DJs auf. *Weteringschans 6–8 | Eintritt bis zu 20 Euro | www.paradiso.nl | Tram 1, 2, 5, 6, 7, 10 Leidseplein*

SUGAR FACTORY (127 F1) (⑳ E5)
Kleiner Allround-Club nahe dem Leidseplein, in dem es neben DJ-Sets auch Theateraufführungen und Performances gibt. Musikalisch reicht die Bandbreite von Elektro über Jazz bis hin zu Weltmusik. *Lijnbaansgracht 238 | Eintritt ab 8,50 Euro | www.sugarfactory.nl | Tram 1, 2, 5, 7, 10 Leidseplein*

WESTERUNIE (122 C2) (⑳ D1)
Jedes Wochenende legen niederländische DJs in einer Halle der alten Westergasfabrik auf. In den riesigen, zwölf Meter hohen Saal passen bis zu 800 Besucher. *Klönneplein 4 | www.westerunie.nl | Tram 10 Van Hallstraat*

GRACHTENFAHRTEN

⭐ Im Dunkeln über die Grachten gleiten – was könnte romantischer sein? Eine Stunde lang fährt das Boot der *Rederij Lovers (Di–Sa 19, 20, 21 Uhr | Prins Hendrikkade 25–27, gegenüber vom Hauptbahnhof | Tel. 020 5 30 10 90 | 14 Euro)* entlang beleuchteter Brücken und Grachtenhausfassaden durch die Altstadt. Hin und wieder erhascht man auch einen Blick ins Innere eines erleuchteten Hausboots.
Oder Sie unternehmen eine zweistündige, ebenfalls von der Rederij Lovers angebotene *Redlight-Candlelight-Cruise (Di–Sa 20 Uhr | 32,50 Euro)* inklusive Wein, Häppchen, Geneverprobe und kurzem Spaziergang durchs Rotlichtviertel.

JAZZCLUBS

BIMHUIS (124 B3) (⑳ H3)
1974 gegründete, international bekannte Jazzbühne in einem spektakulären Neubau am Wasser. Mo–Mi ab 22 Uhr

LOW BUDGET

▶ Im *Last Minute Ticket Shop* **(127 F1) (⑳ E5)** *(Leidseplein/Marnixstraat | Tram 1, 2, 5, 6, 7, 10 Leidseplein)* kann man ab 12 Uhr mittags bis zu 50 Prozent reduzierte Tickets für Veranstaltungen aller Art kaufen, die am selben Abend stattfinden.

▶ In den Sommermonaten gibt es fast jeden Abend Musik- und Theatervorstellungen auf der *Freiluftbühne im Vondelpark* **(127 D2) (⑳ D6)** *(www.openluchttheater.nl)*. Für jeden Geschmack etwas, von Salsa bis hin zu Kindertheater. Die Vorstellungen sind gratis, bei schönem Wetter kann es deshalb sehr voll werden.

Jamsessions. *Juli und Aug. geschl. | Piet Heinkade 3 | 5 Min. Fußweg vom Hauptbahnhof | Tel. 020 7 88 21 88*

CASABLANCA (121 D2) (*∅ G3*)

Ältester und wohl auch berühmtester Jazzclub der Niederlande. Schon 1945 tanzte man hier zu den Klängen von Kit Dynamite und anderen Jazzgrößen. Sa und So „Open Podium". *Zeedijk 26 | 5 Min. Fußweg vom Hauptbahnhof*

JAZZ CAFÉ ALTO (127 F1) (*∅ F5*)

Unschwer am großen Saxofon-Schild an der Fassade zu erkennen, bietet das kleine Café Alto nahe dem Leidseplein Livejazz sieben Abende die Woche. Dienstags ist Latinotag, und jeden Mittwoch spielt Saxofon-Legende Hans Dulfer. *Korte Leidsedwarsstraat 115 | www.jazz-cafe-alto.nl | Tram 1, 2, 5, 6, 7, 10 Leidseplein*

KASINO

HOLLAND CASINO (127 F1) (*∅ E5*)

Eins der modernsten Kasinos der Welt in einem auffälligen Rundbau. Unter der bunten Glaskuppel darf Roulette, Black Jack, Poker etc. spielen, wer über 18 Jahre alt und korrekt gekleidet ist. Im Haus befinden sich auch ein Restaurant und eine Disko. *Max Euweplein 62 | Eintritt 5 Euro | Tram 1, 2, 5, 6, 7, 10 Leidseplein*

KINOS

Alle Filme werden in Originalsprache mit niederländischen Untertiteln gezeigt. Abendvorstellungen beginnen meist gegen 20 und 22 Uhr. In manchen Kinos wird der Film durch eine zehnminütige Pause unterbrochen.

INSIDER TIPP ▶ THE MOVIES ●
(123 D2) (*∅ F2*)

Weniger bekannt und kleiner als Tuschinski, aber das Ambiente ist fast genauso schön: Amsterdams ältestes Kino am Haarlemmerdijk, das 1912 eröffnet wurde. Das Interieur des Kinos und des dazugehörigen Café-Restaurants ist ganz im Art-déco-Stil gehalten. *Haarlemmerdijk 161 | Tel. 020 6 38 60 16 | Tram 3 Haarlemmerplein*

Predigt der anderen Art: Im Club Paradiso tanzen Sie in einer ausgedienten Kirche

KONZERTE & BALLETT

TUSCHINSKI ⭐ (120 B6) (𝓜 G4)
Wenn des Königs Mutter Beatrix einmal Lust auf Kino hat, dann geht sie ins Tuschinski. Und sie weiß, warum. Das Lichtspielhaus von 1921 ist ein architektonisches Prachtstück im Stil des Expressionismus. Vor allem im großen Saal, aber auch im Foyer fühlt man sich in vergangene Zeiten versetzt. *Reguliersbreestraat 26 | Tel. 0900 14 58 | Tram 4, 9, 14 Rembrandtplein*

KONZERTE & BALLETT

BEURS VAN BERLAGE (120 C2) (𝓜 G3)
Im prachtvollen ehemaligen Börsengebäude treten die Niederländischen Philharmoniker, das niederländische Opernorchester, das Kammerorchester und das Amsterdam Symphony Orchestra auf. *Damrak 243 | Tel. 020 5 31 33 50 | www.beursvanberlage.nl | Tram 4, 9, 16, 24, 25 Dam*

CONCERTGEBOUW ⭐ (127 E3) (𝓜 E6)
Die Akustik in dem Konzerthaus Amsterdams ist legendär. In dem kastenförmigen, zurückhaltend dekorierten Großen Saal hören Sie tatsächlich jede Stecknadel auf der Bühne fallen.

Das Concertgebouworkest der niederländischen Hauptstadt gilt als eins der besten Orchester der Welt und pflegt eine lange Mahler- und Bruckner-Tradition. Im Kleinen Saal hören Sie von September bis Mai jeweils Mi um 12.30 Uhr ● INSIDERTIPP▶ Lunchkonzerte (gratis). *Concertgebouwplein 2–6 | Tel. 0900 6 71 83 45 | www.concertgebouw.nl | Tram 3, 5, 12, 16 Concertgebouw*

BÜCHER & FILME

▶ **Amsterdam. Biographie einer Stadt** – Wer sich richtig in die Geschichte der Grachtenstadt einlesen will, sollte sich das unterhaltsame Sachbuch (1997) von Geert Mak besorgen.

▶ **Max Havelaar** – Der antikolonialistische Roman von Multatuli (alias Eduard Douwes Dekker) ist ein Klassiker der holländischen Literatur von 1860, der in Amsterdam und Indonesien spielt.

▶ **Das Attentat** – Auch Harry Mulisch siedelt einige seiner Erzählungen in Amsterdam an, z. B. den Roman Das Attentat (1982), der in der deutschen Besatzungszeit spielt.

▶ **Amsterdamned** – Der Film von Dick Maas (1988) ist ein nicht ganz ernst gemeinter Thriller über einen mysteriösen Mörder, der sein Unwesen als Taucher in den Amsterdamer Grachten treibt.

▶ **Die Entdeckung des Himmels** – Verfilmung von Harry Mulischs Bestseller. Der Großteil des Films (2001) von Jeroen Krabbé spielt in Amsterdams Altstadt – leider ist er mit britischen Schauspielern besetzt, die nicht recht in die Kulisse passen wollen.

▶ **Hollands Licht** – Wunderschöne Dokumentation Pieter-Rim de Kroons (2003) über das besondere Licht auf niederländischen Altmeistergemälden. Zu sehen sind viele Gemälde aus dem Rijksmuseum, Landschaftsaufnahmen in und um Amsterdam sowie Interviews mit Museumsdirektoren und Künstlern.

Wenn Ex-Königin Beatrix ins Kino geht, dann ins Tuschinski

MUZIEKGEBOUW AAN 'T IJ

(124 B3) (*⌖ H3*)

Im Glaspalast am Wasser wird in zwei Sälen v. a. Zeitgenössisches gespielt. Seitenwände, Decke und Boden des großen Saals sind beweglich, sodass die Akustik perfekt auf jede Musikart abgestimmt werden kann. *Piet Heinkade 1 | www. muziekgebouw.nl | Tram 25, 26 Muziekgebouw*

HET MUZIEKTHEATER ★

(121 D5) (*⌖ G4*)

Beim Bau 1986 war der trutzige, moderne Komplex am Waterlooplein umstritten. Inzwischen ist er bei den Amsterdamern akzeptiert – bekamen sie zum neuen Rathaus doch auch die einzige Opernbühne der Niederlande. Sie nennen den Monumentalbau *Stopera*, abgeleitet von den Begriffen Stadhuis (Rathaus) und Opera. Im Boekmanzaal gibt es dienstags um 12.30 Uhr **INSIDER TIPP** kostenlose Lunchkonzerte. *Waterlooplein 22 | Tel. 020 6 25 54 55 | Tram 9, 14 Waterlooplein*

THEATER

INSIDER TIPP BOOM CHICAGO

(127 F1) (*⌖ E5*)

Das Boom Chicago bietet ein ausgesprochen unterhaltsames Comedyprogramm und Improvisationstheater, wahlweise begleitet von eher mäßigem Essen. Die Vorstellungen sind übrigens englischsprachig! *Im Rozentheater | Rozengracht 117 | Tel. 020 4 23 01 01 | www. boomchicago.nl | Tram 10, 13, 14, 17 Marnixstraat/Rozengracht*

STADSSCHOUWBURG ★

(127 F1) (*⌖ E5*)

Das 1894 eröffnete Stadttheater liegt hinter einer üppigen Neorenaissancefassade am Leidseplein. Auf dieser Bühne werden große Produktionen aufgeführt, von Ibsen über Tschechow bis hin zu zeitgenössischem Experimentaltheater. Im Sommer findet hier ein Großteil des Holland Festivals statt. *Leidseplein 26 | Tel. 020 6 24 23 11 | Tram 1, 2, 5, 6, 7, 10, 17 Leidseplein*

ÜBERNACHTEN

Obwohl es in Amsterdam etwa 375 Hotels mit 48 000 Betten gibt, ist es nicht leicht, ein gutes und bezahlbares Hotelzimmer zu finden. 10 Mio. Übernachtungen zählt die Stadt pro Jahr. Die Preise sind hoch, der Standard ist niedrig; und unter 120 Euro bekommt man selbst in den einfacheren Hotels kaum ein Doppelzimmer.

Wer Wert auf Stil und Atmosphäre legt, muss mehr bezahlen – und oft unglaublich früh buchen. Reisen Sie auf keinen Fall an, ohne ein Zimmer reserviert zu haben! In der Hauptsaison (Ostern bis Oktober) sind Hotels und Pensionen aller Preisklassen oft auf Monate im Voraus ausgebucht.

Doch gibt es unter den Amsterdamer Hotels auch einige echte Perlen. Dazu gehören alteingesessene große Luxushotels ebenso wie versteckte Pensionen in windschiefen Grachtenhäusern. Letztere sind oft sehr charmant, haben aber auch ihre Nachteile: halsbrecherisch steile Treppen und undichte Fenster sind keine Seltenheit. Achtung: In kleineren Hotels werden oft keine Kreditkarten akzeptiert! Die Mehrwertsteuer ist im Preis inbegriffen, ab der mittleren Preisklasse auch das Frühstück. Wer mit dem Auto anreist, sollte sich bei der Zimmerbuchung unbedingt nach Parkmöglichkeiten erkundigen. Das Parken auf der Straße ist in der Innenstadt sehr teuer. Wer kein gültiges Parkticket hat, muss mit einer saftigen Strafe rechnen. Hotels ohne eigenen Parkplatz bieten manchmal Parkpermits an oder haben Sonderkon-

Modern am Wasser, auf der Gracht dümpelnd oder nostalgisch im Zentrum: In Amsterdam schlafen Sie teuer, aber mit viel Charme

ditionen bei Parkhäusern in der Nachbarschaft. Hotelzimmer buchen können Sie online bei *www.hotels.nl* oder direkt bei *Iamsterdam, www.iamsterdam.com*. Wer gern auf dem Wasser unterkommen möchte, findet bei *www.houseboathotel. nl* **INSIDER TIPP** Zimmer auf Hausbooten.

HOTELS €€€

AMERICAN HOTEL (127 F1) (*♒ E5*)
Wunderschöner Jugendstilbau. Zwar wurden die Zimmer modernisiert, aber

die nostalgischen Bleiglasfenster sind teils noch erhalten. Nicht verpassen: das Grand Café im Erdgeschoss. *188 Zi. | Leidsekade 97 | Tel. 020 5 56 30 00 | www. edenamsterdamamericanhotel.com | Tram 1, 2, 5, 6, 7, 10 Leidseplein*

COLLEGE HOTEL (127 F3) (*♒ F7*)
In einem schönen Schulbau aus dem 19. Jh. nahe dem Museumplein führt die Amsterdamer Hotelmanagementschule ein luxuriöses Boutique-Hotel. Große Zimmer und freundliches Perso-

Hotel Pulitzer: über 200 Zimmer in 24 Grachtenhäusern

nal. *40 Zi. | Roelof Hartstraat 1 | Tel. 020 5 71 15 11 | www.thecollegehotel.com | Tram 3, 5, 12, 24, 25 Roelof Hartplein*

THE DYLAN ★ (123 D5) (⑳ F4)
Edles Designhotel in einem Grachtenhaus aus dem 17. Jh. Designerin und Besitzerin Anouska Hempel hat sich mit üppigen, gestreiften Stoffen und dunklen Farben ausgelebt – sogar schwarz gestrichene Wände sind bei ihr kein Tabu. Gäste haben die Wahl zwischen sieben verschiedenen Zimmerstilen, von klassisch-antik bis asiatisch-minimalistisch. *41 Zi. | Keizersgracht 384 | Tel. 020 5 30 20 10 | www.dylanamsterdam.com | Tram 13, 14, 17 Raadhuisstraat*

ESTHERÉA (120 A4) (⑳ F4)
Insgesamt sechs umgebaute Grachtenhäuser beherbergen diesen Familienbetrieb in der dritten Generation. Bei der jüngsten Renovierung blieben die Möbel aus den 1930er-Jahren glücklicherweise erhalten. *70 Zi. | Singel 303–309 | Tel. 020 6 24 51 46 | www.estherea.nl | Tram 13, 14, 17 Raadhuisstraat*

GRAND HOTEL AMRÂTH AMSTERDAM (124 A4) (⑳ H3)
Im wuchtigen Scheepvaartgebouw aus dem frühen 20. Jh. wurde 2007 das Amrâth Hotel eröffnet. Foyer und Treppenhaus wurden originalgetreu restauriert, und auch bei der Einrichtung der hohen, geräumigen Zimmer hat man sich am Art-déco-Stil des Gebäudes orientiert. *165 Zi. | Prins Hendrikkade 108 | 10 Min. Fußweg vom Hauptbahnhof | Tel. 020 5 52 00 00 | www.amrathamsterdam.nl*

NH GRAND HOTEL KRASNAPOLSKY (120 B3) (⑳ F3)
Die unbestrittene „Grande Dame" unter den Amsterdamer Hotels. Herz des klassizistischen Prachtbaus am Dam bildet der unter einer denkmalgeschützten Glaskuppel gelegene herrliche **INSIDER TIPP** Wintergarten, in dem Frühstück und Mittagessen serviert werden. Hier nahm schon Gustav Mahler sein Frühstücksbrötchen zu sich. *469 Zi. | Dam 9 | Tel. 020 5 54 91 11 | www.nh-hotels.com | Tram 13, 14, 16, 24, 25 Dam*

MÖVENPICK AMSTERDAM (124 B4) (⑳ H3)
In einem markanten Hochhaus am IJ liegt das Mövenpick Hotel mit 408 stilvoll und modern eingerichteten Zimmern. Buchen Sie eines ✄ möglichst

weit oben auf der Westseite, dann haben Sie einen phänomenalen Blick über das Wasser und die Stadt! *Piet Heinkade 11 | Tel. 020 5 19 12 00 | www.moevenpick-hotels.com | Tram 25, 26 Muziekgebouw*

OKURA (128 B4) (*∅ F7*)

Ein Hauch von Japan in Amsterdam. Das Luxushotel im lebendigen Viertel De Pijp hat so ziemlich alles zu bieten, was der müde Gast begehrt – vor allem aber perfekten Service. Die 321 Zimmer sind edel und großzügig eingerichtet. Netter Einfall: Die Dachbeleuchtung des weithin sichtbaren Hochhauses dient als Barometer. Wenn das Licht blau ist, wird das Wetter schön. *Ferdinand Bolstraat 333 | Tel. 020 6 78 71 11 | www.okura.nl | Tram 24, 25 Jozef Israëlskade*

PULITZER ⭐ (123 D5) (*∅ F4*)

Ganze 24 (!) Grachtenhäuser aus dem 17. und 18. Jh. mit 224 individuell eingerichteten Zimmern bilden den Komplex dieses Hotels. Zum historischen Flair tragen auch die verwinkelten Korridore und der verwunschene Garten bei. *Prinsengracht 315–331 | Tel. 020 5 23 52 35 | www.starwoodhotels.com | Tram 13, 14, 17 Westermarkt*

HOTELS €€

ARENA ⭐ (129 D2) (*∅ J5*)

Das stilvoll minimalistisch eingerichtete Hotel mit jungem Publikum residiert in einem früheren Waisenhaus. Manche Zimmer erstrecken sich über zwei Ebenen. *116 Zi. | s'Gravesandestraat 51 | Tel. 020 8 50 24 00 | www.hotelarena.nl | Tram 6, 7, 10 s'Gravesandestraat*

CANAL HOUSE ⭐ (123 E4) (*∅ F3*)

Der amerikanische Besitzer hat für sein stilvolles Hotel zwei Grachtenhäuser des 17. Jhs. zusammengefügt. Alle Zimmer haben schöne, alte Holzfußböden, aber keinen Fernseher. Vom Frühstücksraum aus blickt man in den zugewucherten Garten. *23 Zi. | Keizersgracht 148 | Tel. 020 6 22 51 82 | www.canalhouse.nl | Tram 13, 14, 17 Westermarkt*

CONSCIOUS HOTEL VONDELPARK ♻ (126 C2) (*∅ C6*)

Eins der ersten echten Öko-Hotels Amsterdams, am Südende des Vondelpark. Das Hotel verbraucht 20 Prozent weniger Energie als vergleichbare Unterkünfte, es werden nur biologisch abbaubare Putzmittel verwendet, und beim Frühstück

---

MARCO POLO HIGHLIGHTS

⭐ **The Dylan**
Üppig dekoriertes Designhotel
→ S. 86

⭐ **Pulitzer**
24 Grachtenhäuser und ein hübscher Innenhof → S. 87

⭐ **Arena**
Minimalistisch designte Zimmer und trendiges Publikum in einem ehemaligen Waisenhaus
→ S. 87

⭐ **Canal House**
Stimmungsvolles Grachtenhotel mit antikem Flair und wildem Garten → S. 87

⭐ **Amstel Botel**
Preisgünstiges Hotelboot, das auf der NDSM-Werft dümpelt
→ S. 91

⭐ **Citizen M**
Designhotel mit Selbstbedienung zum Budgetpreis
→ S. 91

werden Fair-Trade-Produkte serviert. *81 Zi. | Overtoom 519 | Tel. 020 8 20 33 33 | www.conscioushotels.com | Tram 1 Overtoomsesluis*

DE FILOSOOF (127 D2) (🗺 D5)

Hotel in einer ruhigen Straße nahe dem Vondelpark. Jedes Zimmer ist einem anderen Philosophen oder Schriftsteller gewidmet: Das Aristoteles-Zimmer mutet griechisch an, die Wände des Goethe-Zimmers zieren Auszüge aus dem Faust. *28 Zi. | Anna van den Vondelstraat 6 | Tel. 020 6 83 30 13 | www.hotelfilosoof. nl | Tram 1, 6 Overtoom*

HOTEL V FREDERIKSPLEIN (128 B2) (🗺 G6)

Designhotel in günstiger Lage am südlichen Altstadtrand. Relativ kleine Zimmer, die aber mit Flatscreen-TV und bequemen Betten ausgestattet sind. Das Foyer ähnelt eher einer Loungebar – es gibt sogar einen Kamin. *48 Zi. | Weteringschans 136 | Tel. 020 6 62 32 33 | www. hotelv.nl | Tram 7, 10, 25 Frederiksplein*

IBIS AMSTERDAM STOPERA (121 E4) (🗺 H4)

Hotel der großen Kette, nahe dem Schifffahrtsmuseum gelegen. Empfehlenswert

LUXUSHOTELS

Amstel Intercontinental (128 C2) (🗺 H5)

Legendäres Nobelhotel von 1867, wunderschön mit Wintergarten an der Amstel gelegen. Kristalllüster und weißer Marmor bestimmen die Foyers. Die 79 Suiten (einfache Zimmer gibt es hier nicht) werden nach den Wünschen des Gasts hergerichtet. Fitnesscenter und sterngekröntes Restaurant sind auch für Nichtgäste zugänglich. *Ab 425 Euro | Professor Tulpplein 1 | Tel. 020 6 22 60 60 | amsterdam.interconti.com | Metro Wibautstraat*

Conservatorium Hotel (127 E2) (🗺 E6)

Das frühere Konservatoriumsgebäude am Museumplein ist nun ein exklusives Designhotel, eingerichtet vom italienischen Designer Piero Lissoni. Zum Angebot gehören ein großes Spa, aber auch eine Passage mit edlen Boutiquen, das vielgelobte *Restaurant Tunes* sowie eine Brasserie. *129 Zi. | Van Baerlestraat 27 | Tel. 020 5 70 00 00 | www.* *conservatoriumhotel.com | Tram 2, 3, 5, 12 Van Baerlestraat*

The Grand Amsterdam (120 C4) (🗺 G4)

Das Gebäude aus dem 14. Jh. diente als Kloster, Prinzenhof, Sitz der Admiralität und Rathaus. Heute ist es ein Luxushotel mit Marmorfußböden, kostbaren Wandteppichen und Jugendstiltapeten. *DZ ab 425 Euro | 138 Zi. | Oudezijds Voorburgwal 197 | Tel. 020 5 55 31 11 | www. thegrand.nl | Tram 4, 9, 16, 24, 25 Dam*

Hotel de l'Europe (120 B5) (🗺 G4)

Zurückhaltend elegantes Hotel (19. Jh.), großartig gelegen zwischen Amstel, Singel und Kloveniersburgwal. Die Zimmer in Richtung Stadt sind in warmen, dunklen Farben eingerichtet, jene auf der Flussseite sind heller und haben französische Fenster. *Von 270 bis 350 Euro | 183 Zi. | Nieuwe Doelenstraat 2–8 | Tel. 020 5 31 17 77 | www.leurope.nl | Tram 4, 9, 14, 16, 24, 25 Muntplein*

ist das Haus für Autofahrer, da es in einem nahen Parkhaus (kostenpflichtige) Stellplätze gibt. *207 Zi. | Valkenburgerstraat 68 | Tel. 020 5 31 91 35 | Metro Waterlooplein*

INSIDER TIPP ▸ LLOYD HOTEL
(125 D4) (𝄞 K3)

Kunst- und Designhotel in einem prachtvollen Gebäude auf den Östlichen Hafeninseln, das einst als Emigrantenherberge der Schifffahrtsgesellschaft Lloyd diente. 116 individuell eingerichtete Zimmer. *Oostelijke Handelskade 34 | Tel. 020 5 61 36 36 | www.lloydhotel.com | Tram 10 C. van Eesterenlaan*

RÉSIDENCE LE COIN (120 B5) (𝄞 G4)

Einst nächtigten hier nur Gäste der Universität Amsterdams. Inzwischen stehen die sieben historischen Gebäude auch anderen Besuchern offen. Die Zimmer sind im Grunde kleine Apartments mit Kochnische und eigener Türklingel. *42 Zi. | Nieuwe Doelenstraat 5 | Tel. 020 5 24 68 00 | www.lecoin.nl | Tram 4, 9, 14, 16, 24, 25 Muntplein*

RHO (120 B3) (𝄞 G4)

Dieses nette kleine Hotel liegt in einer ruhigen Seitengasse des Dam. Früher war das Haus ein Theater: Die Bühne ist nun Gemeinschafts- und Frühstücksraum. *105 Zi. | Nes 5–23 | Tel. 020 6 20 73 71 | www.rhohotel.com | Tram 4, 9, 16, 24, 25 Dam*

NH SCHILLER (120 C6) (𝄞 G5)

„Der beste Hotelier unter den Malern und der beste Maler unter den Hoteliers" – so wurde Frits Schiller zu seinen Lebzeiten genannt. Kein Wunder, hat er doch die Wände seines im Jahr 1912 gegründeten Hotels eigenhändig mit Gemälden dekoriert. In den 1920er-Jahren war Schillers Haus ein weithin bekannter Künstlertreff. Beliebt ist das Art-dé-

Lust auf Design? Die farbenfrohe Lobby im Lloyd Hotel

co-Hotel auch heute noch wegen seiner zentralen Lage am Rembrandtplein. *92 Zi. | Rembrandtplein 26–36 | Tel. 020 5 54 07 77 | www.nh-hotels.com | Tram 4, 9, 14 Rembrandtplein*

SEVEN BRIDGES (128 B1) (𝄞 G5)

Von diesem Hotel aus kann man tatsächlich sieben Grachtenbrücken sehen. Jedes Zimmer ist anders eingerichtet, aber alle sind mit Antiquitäten und

Kunst ausgestattet. Fragen Sie nach dem INSIDER TIPP Zimmer mit Kamin! *11 Zi. | Reguliersgracht 31 | Tel. 020 6 23 13 29 | www.sevenbridgeshotel.nl | Tram 4, 6, 7, 10 Frederiksplein*

LOW BUDG€T

▶ *Cocomama* **(128 B2)** *(⊠ G2) (ab ca. 30 Euro im 6-Bett-Zimmer; ca. 50 Euro im Doppelzimmer | Westeinde 18 | Tel. 020 6 27 24 54 | www. cocomama.nl | Tram 4, 7, 10, 25 Frederiksplein)* ist das erste „Boutique-Hostel" in Amsterdam: 2010 eröffnet, kombiniert es schöne, originell eingerichtete Zimmer mit der Geselligkeit eines Hostels – dazu gehört auch der Kater Joop.

▶ Auf der Website *www.bedand breakfast.nl* findet man das größte Angebot an Bed-&-Breakfast-Gelegenheiten in Amsterdam. *Ab ca. 20 Euro/Person*

▶ *Bob's Youth Hostel* **(120 B2)** *(⊠ G3) (Bett im Saal ab 14 Euro | Nieuwezijds Voorburgwal 92 | Tel. 020 6 23 00 63 | Tram 1, 2, 5, 13, 17 Dam)* ist ein mitten im Amsterdamer Zentrum gelegenes Jugendhotel. Viele Rucksacktouristen aus aller Welt, relaxte Atmosphäre.

▶ Eine Pension mit Fahrradverleih in De Pijp ist das *Bicycle Hotel* **(128 B3)** *(⊠ G7) (DZ 50–80 Euro | Van Ostadestraat 123 | Tel. 020 6 79 34 52 | www.bicyclehotel.com | Tram 24, 25 Albert Cuypstraat).* 17 saubere, wenn auch etwas kleine Zimmer, netter Frühstücksraum.

TOREN **(123 E4)** *(⊠ F3)*

Hotel an der Westerkerk, seit Generationen in Familienhand. Die 40 Zimmer sind über zwei Grachtenhäuser aus dem 17. Jh. verteilt. Schöner Garten. *Keizersgracht 164 | Tel. 020 6 22 60 33 | www. toren.nl | Tram 13, 14, 17 Westermarkt*

WIECHMANN **(123 D5)** *(⊠ F3)*

Ideal gelegenes Hotel, das sich über mehrere restaurierte Grachtenhäuser erstreckt. 40 modern oder antik eingerichtete Zimmer, auch Familienzimmer. *Prinsengracht 328–332 | Tel. 020 6 26 33 21 | www.hotelwiechmann.nl | Tram 13, 14, 17 Westermarkt*

HOTEL SPA ZUIVER ● (0) *(⊠ 0)*

Am Rand des Stadtwalds *Amsterdamse Bos* gelegen, ist dieses Wellnesshotel ein Tipp für Freunde von Ruhe und Natur. Im Zimmerpreis sind die Benutzung von Schwimmbad, Sauna und Fitnessclub inbegriffen. Mit der Metro ist man in 15 Min. im Zentrum von Amsterdam. *31 Zi. | Koenenkade 8 | Tel. 020 3 01 07 10 | www. spazuiver.nl | Metro 51 A. J. Ernststraat*

HOTELS €

AALDERS **(127 F2)** *(⊠ E5)*

Kleines, lebhaftes Hotel mit funktionaler, moderner Einrichtung nahe dem Museumplein. Geräumige Zimmer mit großen Fenstern; das Frühstück wird in einem schönen Raum im 2. Stock serviert. *28 Zi. | Jan Luykenstraat 13–15 | Tel. 020 6 73 40 27 | www.hotelaalders.nl | Tram 2, 5 Hobbemakade*

ACACIA **(123 D3)** *(⊠ E2)*

Einfaches und sauberes Hotel im Jordaan-Viertel mit Blick auf die Lijnbaansgracht. *20 Zi. | Lindengracht 251 | Tel. 020 6 22 14 60 | www.hotelacacia.nl | Tram 3 Marnixplein*

AMSTEL BOTEL ⭐ (121 E2) (📖 0)

Etwa 10 Minuten dauert die Fahrt mit der (kostenlosen) Fähre vom Amsterdamer Hauptbahnhof zur ehemaligen NDSM-Werft in Noord. Mitten in dem verlassenen Hafengebiet, das nun ein paar Restaurants und Ateliers beherbergt, liegt jetzt das Hotelschiff Botel mit 174 Kabinen vor Anker. Für Freunde von Hafen- und Künstlerflair. *Tel. 020 6 26 42 47 | www.amstelbotel.nl*

ARMADA (128 B1) (📖 G5)

Wahrscheinlich die günstigste Unterkunft an Amsterdams nobler Keizersgracht. Ein Teil der Zimmer ohne eigenes Bad. *26 Zi. | Keizersgracht 713–715 | Tel. 020 6 23 29 80 | Tram 4 Keizersgracht*

CITIZEN M ⭐ (127 E5) (📖 E8)

Budget-Designhotel im Süden der Stadt. Die winzigen, aber sehr stilvollen Zimmer verfügen über ein riesiges Bett, einen LCD-Fernseher und eine Regendusche. Auch die Lounges im Erdgeschoss stehen voller Designmöbel. Dafür gibt es keine Rezeption und eine Selbstbedienungsbar statt Restaurant. *215 Zi. | Prinses Irenestraat 30 | Tel. 020 8 11 70 90 | www.citizenm.com | Tram 5 Prinses Irenestraat | Metro 50, 51 Zuid WTC*

EUPHEMIA (128 B2) (📖 F5)

Hotel im ehemaligen Kloster nahe dem Leidseplein. Entspannte Atmosphäre, schlichte, günstige Zimmer. *15 Zi. | Fokke Simonszstraat 1–9 | Tel. 020 6 22 90 45 | www.euphemiahotel.com | Tram 16, 24, 25 Weteringscircuit*

MUSEUMZICHT (127 F2) (📖 F5)

Der Name ist Programm: Das Hotel liegt dem Rijksmuseum gegenüber. Der Besitzer war Antiquitätenhändler, weshalb vor allem der Frühstücksraum vor Artefakten fast überquillt. Vorsicht auf den extrem steilen Treppen! *14 Zi. | Jan Luykenstraat 22 | Tel. 020 6 71 29 54 | Tram 2, 5 Hobbemastraat*

Schlafschaukel: Amstel Botel

PARKZICHT (127 E2) (📖 E5)

Kleines Hotel in ruhiger Seitenstraße des Vondelpark. Zimmer mit altholländischer, dunkler Holzeinrichtung. Manche Doppelzimmer mit schönem Blick auf den Park. *14 Zi. | Roemer Visscherstraat 33 | Tel. 020 6 18 19 54 | www.parkzicht.nl | Tram 2, 3, 5, 12 Overtoom*

ST. CHRISTOPHER'S INN
(120 C3) (📖 G3)

Im Herzen des Rotlichtviertels liegt dieses Hotel, dessen Bar und Diskothek *Winston Kingdom* nicht nur von Hotelgästen besucht werden. Ein Großteil der 67 Zimmer wurde von Künstlern und Designern gestaltet, selbst die Toilette im

PRIVATE UNTERKÜNFTE

Erdgeschoss beherbergt eine Minigalerie. *Warmoesstraat 123–129 | 10 Min. Fußweg vom Hauptbahnhof | Tel. 020 6 23 13 80 | www.st-christophers.co.uk/ amsterdam-hostels*

PRIVATE UNTERKÜNFTE

B28 (120 B1) (*🛒 F3*)

Ein historisches Segelschiff hat ein neues Zuhause als B & B auf der Herengracht gefunden. Mitten im Zentrum von Amsterdam bietet es Platz für zwei Personen. *Herengracht 28 G | Tel. 06 29 03 59 56 | www.b28.nl | 5 Min. Fußweg vom Hauptbahnhof | €*

BED & BREAKFAST BOVEN IJ
(124 C1) (*🛒 K1*)

Ideal für Autofahrer ist das hübsche Doppelzimmer in einem alten Deichhaus in Amsterdam-Noord, wo Sie noch gratis parken können. Mit dem Bus und der Fähre sind Sie in nur 10 Minuten im Zentrum von Amsterdam. *Leeuwarderweg 50 | Tel. 020 4 2 18 9 56 | www. bbbovenij.nl | Bus 32, 33, 38 Merelstraat | €*

THE FLYING PANCAKE (128 C1) (*🛒 H5*)

Edles Bed & Breakfast mit zwei Suiten in einem Haus aus dem 18. Jh. Designerwaschbecken treffen auf antike Möbel. *Nieuwe Kerkstraat 15 | Tel. 06 38 30 52 19 | www.theflyingpancake.com | Metro Waterlooplein | €€*

INSIDER TIPP LEVANT B & B
(125 E4) (*🛒 L3*)

Übernachten Sie auf einem alten Lastkahn im Östlichen Hafengebiet – typischer geht es kaum in Amsterdam. Die große Gästekabine ist für zwei Personen eingerichtet und verfügt über ein eigenes Bad. *Levantkade 90 | www.levantbb. nl | Tram 10 Azartplein | €€*

MIAUW SUITES (123 E5) (*🛒 F3*)

Zwei 70 m² große, helle Apartments mit Wohn- und Schlafzimmer sowie offener Küche, geschmackvoll mit Designmöbeln eingerichtet. *Hartenstraat 3 | Tel. 020 7 17 34 29 | www.miauw.com | Tram 13, 14, 17 Westermarkt | €€€*

MS LUCTOR 🙂 (123 E2) (*🛒 F1*)

Bed & Breakfast mit drei schönen Kabinen auf einem alten Frachtkahn im Hafenbecken Westerdok, in der Nähe des Hauptbahnhofs. Das Schiff wird mit Solarstrom versorgt, und Gäste können die Stadt auf umweltfreundliche Weise mit Fahrrädern oder Kanus erkunden. *Westerdok 103 | Tel. 06 22 68 95 06 | www. boatbedandbreakfast.nl | Bus 48 Barentszplein | €€*

B & B SILODAM 🌱 (123 E1) (*🛒 F1*)

65 m² großes Apartment in einem alten Silogebäude mit Aussicht auf den Holzhafen. *Silodam 129 | Tel. 06 34 30 30 38 | www.bb-silodam.nl | Bus 48 Barentszplein | €*

STUDIO INN (123 E1) (*🛒 F1*)

Aussicht auf das Westerdok bieten die zwei hellen Doppelzimmer des Studio Inn. Das große Zimmer verfügt über einen Kühlschrank und einen Esstisch, an dem das Frühstück mit lokalen 🙂 Bioprodukten serviert wird. Reist man zu viert an, kann man das kleine Zimmer dazumieten. *Barentszplein 3 | Tel. 06 14 77 68 65 | www.studio-inn.nl | Bus 48 Barentszplein*

SUITE 2 STAY (128 B2) (*🛒 G5*)

Zwei Ferienwohnungen in einer ruhigen Straße am Rand der Altstadt. Das Studio im Erdgeschoss ist modern und schlicht gestaltet, jenes im ersten Stock eher neobarock eingerichtet. Beide eignen sich für bis zu drei Personen. *Fokke*

B & B Silodam im alten Backsteinspeicher: spektakuläre Wasserlage mit Blick auf den Holzhafen

Simonszstraat 76 A-1 | Tel. 06 10 01 46 41 | www.amsterdamsuitestay.com | Tram 4, 7, 10, 16, 24, 25 Weteringcircuit | €

JUGENDHERBERGEN

STAYOKAY STADSDOELEN
(120 C5) (G4)
Diese Jugendherberge ist etwas kleiner und liegt in der Nähe des Waterlooplein. Sie ist nicht für Gruppen geeignet. Bett ab 19 Euro. *170 Betten | Kloveniersburgwal 97 | Tel. 020 6 24 68 32 | www.stayokay.com | Tram 4, 9, 16, 24, 25 Muntplein*

STAYOKAY VONDELPARK
(127 E2) (E5)
Diese Jugendherberge punktet mit ihrer unschlagbaren Lage: eine große Stadtvilla direkt am Vondelpark. Bett um 19 Euro. *500 Betten | Zandpad 5 | Tel. 020 5 89 89 99 | www.stayokay.com | Tram 1, 2, 5, 6, 7, 10 Leidseplein*

CAMPING

CAMPINGPLATZ VLIEGENBOS
(125 D1) (K1)
Alternative für Preisbewusste – der stadtnächste Campingplatz nördlich des IJ. Gratisfähre zum Hauptbahnhof. Ab 7,60 Euro pro Person, 8 Euro pro Auto. *April–Sept. | Meeuwenlaan 138 | Tel. 020 6 36 88 55 | www.vliegenbos.com | Bus 38, 39 Meeuwenlaan*

CAMPING ZEEBURG (0) (0)
Auf einer Insel im IJmeer im Osten Amsterdams: ganzjährig geöffneter Campingplatz, auf dem man auch einen **INSIDER TIPP** **bunten kleinen Wohnwagen** oder eine Hütte mieten kann. Die nächste Straßenbahnhaltestelle liegt etwa 10 Min. Fußweg entfernt. Ab 6,50 Euro pro Person, ab 4 Euro pro Auto. *Zuider IJdijk 20 | Tel. 020 6 23 28 18 | www.campingzeeburg.nl | Tram 26 Zuiderzeeweg*

STADTSPAZIERGÄNGE

Die Touren sind im Cityatlas, in der Faltkarte und auf dem hinteren Umschlag grün markiert

1

ENTDECKUNGSTOUR DURCH DIE HOFJES DES JORDAAN

Hinter manch einer unscheinbaren Haustür in Amsterdam versteckt sich eine kleine Welt für sich: ein *hofje*. Wer sich hineinwagt, findet sich zunächst in einem winzigen, dörflichen Innenhof wieder. Darum scharen sich meist windschiefe Häuser und liebevoll bepflanzte Vorgärtchen. Auf einem rund zweieinhalbstündigen Spaziergang durch den volkstümlichen ⭐ *Jordaan* können Sie einige dieser Minioasen erkunden.

Hofjes gibt es nicht nur im Jordaan. Das bekannteste Beispiel, der **Begijnhof** → S. 30, liegt mitten in der Amsterdamer Innenstadt. Aber nirgends sind so viele

Wohnhöfe erhalten wie in dem früheren Armenviertel. Ursprünglich wurden sie von reichen Kaufleuten als Armen- oder Altenwohnheime gestiftet, in denen die Bedürftigen gratis wohnen durften. Heute befinden sich in den lauschigen Oasen meist Mietwohnungen. Von Montag bis Freitag sind die *hofjes* in der Regel zwischen 10 und 17 Uhr zugänglich. Trauen Sie sich ruhig, die Tür einfach aufzumachen und hineinzugehen. Nehmen Sie aber bitte etwas Rücksicht auf die Privatsphäre der Bewohner!

Die Erkundungstour beginnt in der **Elandsstraat**, die Sie mit den Tramlinien 6, 10 oder 17 erreichen. Bei Hausnummer 104–142 versteckt sich hinter einem Eingangsgebäude aus dem 19. Jh. das 1650 gegründete **Venetiaehofje**. Sein Stif-

Bild: Neue Architektur auf der Insel der Königlich Niederländischen Schifffahrtsgesellschaft

Zwischen Hofjes und Hafeninseln: Amsterdam ist ein phantastisches Pflaster zum Spazierengehen

ter, Jacob Stoffels, war durch den Handel mit Venedig reich geworden. Um einen kleinen, zugewucherten Garten mit einer alten Laterne scharen sich niedrige Häuschen, in denen zunächst arme Witwen und „alte Jungfern", später auch aus Frankreich geflüchtete Hugenotten wohnten.

Durch das 1904 errichtete Hinterhaus führt ein Gang auf die Lauriergracht, die wiederum in die Prinsengracht mündet. Genau an dieser Stelle befindet sich auf der gegenüberliegenden Grachtsei-

te das **Nieuwe Suykerhofje** (*Prinsengracht 385–393*) – auch wenn man davon von außen gar nichts vermutet. Die rechte Eingangstür eines Herrenhauses entpuppt sich als Tor zu einer engen Gasse, in der man auf ein Gatter stößt. Dahinter kann man das winzige *hofje* sehen, das 1755 von einem reichen Zuckerbäcker für katholische Witwen gegründet wurde. Sechs kleine, dreistöckige Häuser und eine Kapelle liegen an einem schmalen, gepflasterten Platz. Wegen des Platzmangels wohnten die Witwen hier übereinander: Pro Geschoss gibt es zwei winzige Wohnungen.

Weiter geht es entlang der Prinsengracht und durch einige typische, pittoreske Jordaan-Gassen in die **Egelantiersgracht**. Dort sollten Sie keinesfalls das INSIDER TIPP **Sint Andrieshofje** verpassen. 1614 gegründet, ist es das älteste *hofje* Amsterdams nach dem Begijnhof. Wie die meisten ist es an der langen Reihe von Hausnummern an der Pforte zu erkennen: 105–141. Besonders schön sind die blau-weißen Delfter Kacheln im Eingang dieses Innenhofidylls. Dahinter wartet ein gepflegtes Gärtchen mit einer Wasserpumpe aus dem 18. Jh.

Ein weiteres *hofje* versteckt sich in der **1e Egelantiersdwarsstraat 1–5**; es dient heute als Studentenwohnheim. Auf dem Weg dorthin bietet sich eine Pause im INSIDER TIPP **Café 't Smalle** an der Ecke zur Prinsengracht an, dessen hölzernes Interieur noch komplett von 1780 stammt.

Durch die **2e Tuindwarsstraat** geht es in die *Tichelstraat* und weiter in die **Karthuizerstraat**. Hinter der uniformen Backsteinfassade von Nr. 21–131 liegt der **Karthuizerhof**, ein unerwartet schönes, großes *hofje* mit zwei alten Brunnen und hohen Bäumen. Vor 1650 stand an dieser Stelle ein Karthäuserkloster, das dem *hofje* seinen Namen gab. Es ist das einzige, das nicht privat gestiftet, sondern von der Stadt als eine Art Heim für alleinstehende Mütter gebaut wurde.

Durch die Lindenstraat gelangt man zur **Noorderkerk**, die für das geistige Wohl der protestantischen Jordaan-Bewohner sorgte. Die meisten katholischen *hofjes* verfügten dagegen über eine eigene Kapelle. So auch das **Van Brienenhofje** an der Prinsengracht 85–133. Erst 1804 gestiftet, ist es vergleichsweise jung und sehr groß. Sein Haupteingang, über dem zwei Putten ein Wappen mit einem Kreuz halten, wurde nur von den Regenten benutzt, sozusagen den Vorstehern der Hofgemeinschaft. Sie wohnten im Eingangsgebäude, in dem sich außerdem die Kapelle und eine Portierswohnung befinden. Noch heute wohnen in diesem noblen *hofje* katholische Seniorinnen.

Durch die malerische **Brouwersgracht** geht es in die (zugeschüttete) Palmgracht, wo noch ein letztes *hofje* wartet. Es ist an einem Giebelstein mit einer Rübe über dem Torbogen zu erkennen. Dahinter liegt das niedliche **Raepenhofje**, 1648 von Pieter Adriaensz Raep gestiftet (Eingang nebenan durch die Tür des *Bossche Hofje*). Der Legende zufolge nahm Raep seine Stiftung aus Dankbarkeit für den Westfälischen Frieden vor – wahrscheinlicher ist jedoch, dass es ihm, wie den meisten *hofjes*-Stiftern, um seinen eigenen Seelenfrieden ging. Hier, im nördlichsten Zipfel des Jordaan, endet der Spaziergang. Von der Haltestelle Nassaukade kann man mit der Tram 10 zum Ausgangspunkt zurückkehren.

② RUNDGANG ÜBER DIE WESTLICHEN HAFENINSELN

Nah am Zentrum liegt eine der schönsten unbekannten Gegenden Amsterdams. Die ehemaligen Hafeninsel im Westen der Innenstadt haben noch immer das Flair eines Seefahrerviertels: Historische Lagerhäuser, rostige Lastkähne, Werkstattschuppen und pittoreske Holzbrücken bestimmen das Bild. Dauer des Rundgangs: ca. 1,5 Stunden

Die drei Hafeninseln wurden zu Beginn des 17. Jhs. zeitgleich mit dem Grachtenring angelegt. Ursprünglich wurden alle Betriebe auf die Inseln verbannt, die für die vornehme Innenstadt zu viel Lärm oder Gestank machten. Teer- und

Die vielen *hofjes* im Jordaan tragen zur dörflichen Atmosphäre des volkstümlichen Viertels bei

Salzsiedereien, Seilereien, Werften und Fischverarbeitungsbetriebe siedelten sich am Wasser an, dahinter wurden Lagerhäuser und bald auch Wohnhäuser für Arbeiter und Seeleute errichtet. Heute sind fast alle ehemaligen Werkstätten zu begehrten Wohnungen und Künstlerateliers umfunktioniert worden.

Man erreicht die Inseln vom Haarlemmerdijk aus. Geht man unter dem Bahnviadukt hindurch, steht man zunächst am modernen Hafenbecken des Westerdok. Entlang der Blokmakerstraat und über den Hendrik Jonkerplein erreicht man die **Bickersgracht**. Alte Backsteinhäuser, Kopfsteinpflaster und überwucherte Grachtengärten machen den nostalgischen Charme der Straße aus – kaum vorstellbar, dass die Umgebung in den 1960er-Jahren als eine der schlechtesten Wohngegenden der Stadt galt.

Auf der anderen Seite der Gracht liegt das **Prinseneiland**, das man über eine kleine Brücke erreicht. **Galgenstraat** heißt die Gasse dahinter, denn von hier aus konnte man früher das Galgenfeld auf der Nord-seite des Flusses IJ sehen. Weniger morbide muten die schönen Lagerhäuser an, die das gesamte Eiland säumen. Ihre Namen – De Windhond, De Teerton oder De Witte Pelicaan – werden von hübschen Giebelsteinen illustriert oder stehen in schnörkeliger Schrift auf die Fensterläden geschrieben.

Über die **Drieharingenbrug** erreicht man das **Realeneiland**. Ihren Namen erhielt die malerische Hebebrücke vom Haus „De drie Haringen" auf der anderen Seite der Gracht. Ein Giebelstein über der Tür kündet heute noch davon, dass es vom Schiffszimmermann Haring Booy errichtet wurde. In der **Realengracht**, deren Ufer von kleinen Werftbetrieben gesäumt ist, dümpeln viele zu Hausbooten umfunktionierte Lastkähne. Gleich um die Ecke liegt der **INSIDER TIPP** ▸ **Kai Zandhoek**, dessen Name sich vom Sandmarkt ableitet, der dort 1634 eingerichtet wurde. Direkt vor den Türen der Häuser löschten die Sandhändler ihre Fracht. Vom Wohlstand mancher Händler, die hier wohnten, zeugt eine Reihe prachtvoller Grachtenhäuser. Im letzten Haus, dem **Gouden Reael**, befindet sich ein nettes **Café-Restaurant → S. 63**.

Entlang der Bickersgracht gelangt man zurück zum Hendrik Jonkerplein und unter dem Bahnviadukt hindurch auf den Haarlemmerdijk. Hier kann man zum Abschluss noch ein wenig in den kleinen Läden stöbern oder einen Kaffee trinken.

3 SPAZIERGANG ÜBER DIE ÖSTLICHEN HAFENINSELN

Von den künstlichen Inseln Java, KNSM und Borneo-Sporenburg fuhren früher die Ozeandampfer nach Übersee ab. Nach dem Ende der Passagierschifffahrt und dem Wegzug des Hafens lagen sie lange brach. Erst in den Neunzigerjahren wurden sie wiederentdeckt und haben sich seither zu einem angesagten, jungen Wohnviertel mit viel experimenteller Architektur, aber auch einigen Überbleibseln aus der Hafenzeit entwickelt. Der zweieinhalbstündige Spaziergang verschafft Ihnen ein paar Eindrücke von diesem Trendviertel.

Seit 2005 verbindet die neue Tramlinie 26 die Inseln mit dem Hauptbahnhof. Von der Haltestelle Rietlandpark führt der Weg zwischen dem imposanten **Lloyd Hotel → S. 89**, 1918 als Emigrantenheim der gleichnamigen Schifffahrtsgesellschaft errichtet, und deren Quarantänegebäuden hindurch zum IJ-Hafen. Dort bekommt man einen ersten Überblick über **INSIDER TIPP die Inseln und ihre neue Architektur**. Über das Wasser hinweg sieht man Java-Eiland mit seinen abwechslungsreichen, urbanen Wohnhäusern und KNSM-Eiland mit seiner Mischung aus großen Wohnblocks und pittoresken Hausbooten.

Spaziert man an einem sonnigen Tag über die Inseln, erfährt man den ganzen Charme dieser Mischung. Hinter dem weißen IJ-Turm taucht der **Wohnblock Walfisch** auf, dessen Zinkfassade in der Sonne glitzert. Dahinter liegt die **Halbinsel Sporenburg** mit ihren niedrigen Reihenhäusern aus dunklem Backstein. Aus der Not haben die Architekten eine Tugend gemacht: Die Insel sollte sehr dicht, aber niedrig bebaut werden. Daraus entstand ein ganz neuer, nach innen gerichteter Haustyp mit Dachterrassen und Innenhöfen. Abgesehen von Blumenkübeln und Bänkchen vor den Häusern gibt es keine Gärten – das Wasser der Hafenbecken ersetzt den fehlenden Grünraum. Fast jeder, der hier wohnt, besitzt ein kleines Boot. Von der expressiv geschwungenen, knallroten ⚓ Brücke, die über das Spoorwegbassin nach Borneo führt, hat man einen guten Überblick und sieht in der Ferne die großen Tanker Richtung Nordsee vorbeifahren.

Auf der anderen Seite erwartet Sie eine Besonderheit. In der **INSIDER TIPP Scheepstimmermanstraat** hat die Stadt

zum ersten Mal seit dem 16. Jh. Baugrund an Privatleute verkauft – eine große Ausnahme in den Niederlanden. Jeder Käufer konnte sich von einem Architekten seiner Wahl eine Reihenvilla errichten lassen. Viele entschieden sich für junge Architekten, und das Ergebnis ist höchst abwechslungsreich: Man spaziert entlang einer bunten Galerie von Architekturexperimenten. Besonders ungewöhnlich sind das Haus Nr. 120, in dem ein Baum wächst, und das rundum holzverkleidete Haus Nr. 62.

Über eine zweite, für Radfahrer gedachte und deshalb niedrigere rote Brücke gelangt man zurück zum Walfisch und von dort über den Verbindungsdamm auf **KNSM**, die Insel der Königlich Niederländischen Schifffahrtsgesellschaft. Sie wird beherrscht vom großen, skulpturartigen **Wohnblock Piraeus** von den deutschen Architekten Kollhoff und Rapp, der sich um einen kleinen Altbau legt. Wem nun nach einer Pause zumute ist, der findet im Piraeus-Block das nette Café **Kanis en Meiland**. Von der Terrasse am Wasser aus kann man das Treiben auf den Decks der Wohnboote im Hafenbecken beobachten.

Westlich vom Verbindungsdamm grenzt KNSM an **Java-Eiland**. Dort ist die Atmosphäre städtischer: Hohe Wohnhäuser säumen den meist ziemlich stark befahrenen Sumatra-Kai an der Nordseite der Insel. In ihrem Inneren verbirgt sich jedoch eine schöne, ruhige Grünzone, die nur für Fußgänger und Radfahrer zugänglich ist. Entlang der kopfsteingepflasterten **Javakade** führt Ihr Weg zur **Jan-Schaeffer-Brücke**. Sie endet an der Oostelijke Handelskade unter einem alten Packhaus, das zum Kulturzentrum umgebaut wurde. Wer mag, geht entlang des fischförmigen Kreuzfahrtterminals und des Muziekgebouw zurück zum Bahnhof. Alle anderen steigen an der Haltestelle Kattenburgerstraat wieder in die Straßenbahn.

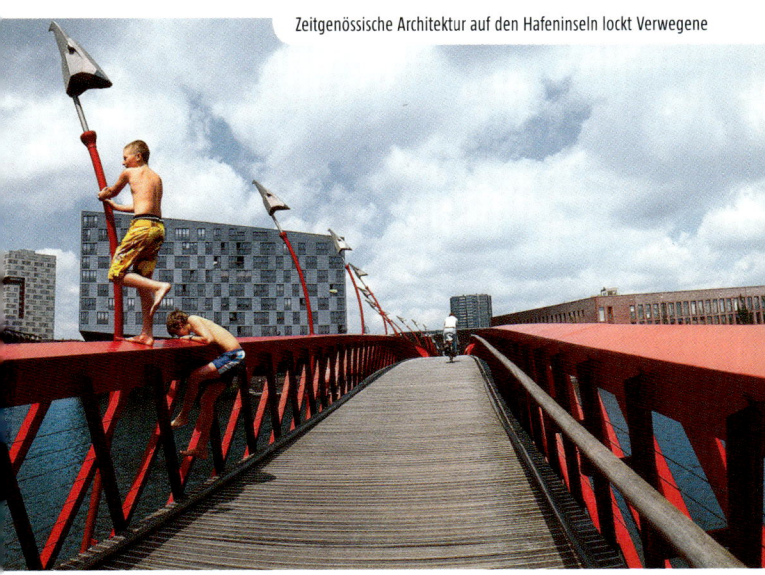

Zeitgenössische Architektur auf den Hafeninseln lockt Verwegene

MIT KINDERN UNTERWEGS

ARTIS ● (124 B6) (📖 H4)
1400 Tierarten aus der ganzen Welt sind im Amsterdamer Zoo versammelt. Aber auch die einheimische Fauna ist hier vertreten: Im Streichelzoo etwa gehören alle Tiere altholländischen Haustierrassen an. Eine Kuriosität ist eines der Aquarien, das den INSIDER TIPP Mikrokosmos in einer Amsterdamer Gracht zeigt, inklusive Fahrrad- und Autowrack. *Nov.–März 9–17, April–Okt. 9–18 Uhr | Eintritt 19,50 Euro, Kinder bis 9 Jahre 15,95 Euro | Plantage Kerklaan 38/40 | Tram 9, 14 Plantage Kerklaan | www.artis.nl*

CANAL BIKE
Die Amsterdamer Grachten kann man nicht nur auf einer Grachtenfahrt mit Ausflugbooten, sondern auch bestens per Tretboot erkunden. Bei schlechtem Wetter bekommen die Nachwuchskapitäne sogar einen Regenponcho dazu. Anlegestellen für die Boote finden Sie beim *Rijksmuseum* **(127 F2)** *(📖 F5) (Stadhouderskade 42)*, am *Leidseplein* **(127 E–F1)** *(📖 E5)*, beim *Anne Frank Huis* **(123 D4)** *(📖 F3) (Prinsengracht 42)* und an der *Ecke Keizersgracht/Leidsestraat* **(123 D6)** *(📖 F4)*. *8 Euro pro Person/Std., bei mehr als 2 Personen 7 Euro pro Person/Std. | www.canal.nl*

KINDERBAUERNHÖFE
In jedem größeren Amsterdamer Park gibt es einen gratis zugänglichen Kinderbauernhof. Dort können Tiere aller Art, von Schweinen über Kühe bis hin zu Meerschweinchen, bestaunt und teils auch gestreichelt werden. Z. B. *Overbrakerpad 10* **(122 B1)** *(📖 D1)* | *Di–So 10–17 Uhr | Tram 10 Van Hallstraat*

NEMO SCIENCE CENTER
(121 F2) *(📖 H3)*
In diesem Wissenschaftsmuseum für Kinder kann Ihr Nachwuchs eine Seifenblase machen, die so groß ist, dass er darin stehen kann. Oder selber Lakritze herstellen und sich erklären lassen, warum Wasser eigentlich durchsichtig ist. Mitmachen ist hier die Devise. Im Sommer gibt es auf dem Dach ein ● Café mit Plantschbecken. *Di–So 10–17 Uhr | Eintritt 12,50 Euro, Kinder bis 3 Jahre frei | Oosterdok 2 | 10. Min. Fußweg vom Hauptbahnhof | www.e-nemo.nl*

PANNEKOEKENBOOT **(0)** *(📖 0)*
Pfannkuchen bis zum Abwinken bietet Ihnen das Pannekoekenboot. Während die Kleinen bunte Streusel auf ihren Pfannkuchen streuen, können Mama und Papa in aller Ruhe die einstündige

Das Wrack in der Gracht: Den Geheimnissen der Amsterdamer Unterwasserwelt auf der Spur

Rundfahrt über das IJ genießen, vom alten Holzhafen über den Hauptbahnhof bis zu den Östlichen Hafeninseln. *Mi, Fr, Sa, So 16.30 und 18 Uhr | Erwachsene 16 Euro, Kinder 3–12 Jahre 11 Euro | Abfahrt bei der NDSM-Werft (20 Min. Fahrt mit der Fähre vom Hauptbahnhof) | www.pannenkoekenboot.com*

RACE PLANET FOR KIDS (0) (*🗺 0*)

Mitten in einem Amsterdamer Industriegebiet liegt diese Indoor-Karthalle ausschließlich für Kinder. Acht- bis Zwölfjährige dürfen hier um die Wette rasen. Fahrbare Untersätze aller Art sind im Kinderformat vorhanden, von einer Schwebebahn bis hin zu elektrischen Formel-Eins-Autos.
Außerdem gibt es ein gigantisches Klettergerüst und eine Riesenrutsche. *Mo, Di, Do 13–18, Mi 12–18, Fr 12–19, Sa 11–19, So 11–18 Uhr | Eintritt Erwachsene 3 Euro, Kinder bis 12 Jahre 8,50 Euro | Herwijk 10 | www.raceplanet.com | Metro 50 nach Sloterdijk, dann Bus 231, 233 Herwijk*

TUNFUN (121 E5) (*🗺 H4*)

Ursprünglich sollte einmal ein Autotunnel unter dem Mr. Visserplein durchführen. Als der Tunnel halb fertig war, wurde dieser Plan aufgegeben. Stattdessen befindet sich dort jetzt der größte Indoor-Spielplatz von Amsterdam. Hier ist alles etwas größer als gewöhnlich: die Spielbaustelle mit drei Kränen, das Labyrinth, die Rutschen und die Springkissen. Sogar einen Kinderfriseur und ein Minikino gibt es. *Tgl. 10–18 Uhr | Eintritt für Erwachsene frei, Kinder bis 12 Jahre 8,50 Euro | Mr. Visserplein 7 | Tram 9, 14 Mr. Visserplein*

ZIEGENBAUERNHOF (0) (*🗺 0*)

Mitten im Amsterdamer Stadtwald liegt ein Ziegenbauernhof. Dort laufen mehr als 150 Ziegen und Zicklein herum und dürfen von den Kindern gebürstet und gemolken werden. Samstags kann man zuschauen, wie aus frischer Ziegenmilch Käse hergestellt wird. *Mi–Mo 10–17 Uhr | Eintritt frei | Nieuwe Meerlaan 4 | Bus 194 Schiphol Oost*

EVENTS, FESTE & MEHR

In Amsterdam finden das ganze Jahr über die unterschiedlichsten Festivals und Veranstaltungen statt. Der Schwerpunkt liegt natürlich auf dem Sommer, wenn an lauen Abenden vor der großartigen Freiluftkulisse der Grachten gefeiert werden kann. Feiertage gibt es dafür bemerkenswert wenige in den Niederlanden – mit nur acht Tagen pro Jahr liegt das Land am Ende der europäischen Skala.

FEIERTAGE

1. Jan. *Nieuwjaar;* **März/April** Karfreitag; Ostermontag; **27. April** *Koningsdag;* **5. Mai** *Bevrijdingsdag* (nur öffentliche Einrichtungen sind geschlossen); **Mai/ Juni** Christi Himmelfahrt; Pfingstmontag; **25./26. Dez.** Weihnachten

VERANSTALTUNGEN

APRIL

Am 27. April ist ▶ ⭐ 🔵 *Koningsdag*. Bis 2013 feierten die Niederländer alljährlich am 30. April ihre Königin Beatrix. Mit der Krönung von Willem-Alexander wurde der Feiertag jedoch auf dessen Geburtstag am 27. April verlegt. An diesem Tag verwandelt sich ganz Amsterdam in einen riesigen Flohmarkt, Horden Bier trinkender Holländer in orangefarbenen T-Shirts schieben sich durch die Straßen. Großes Openairkonzert auf dem Museumplein.

MAI

▶ *Bevrijdingsfestival:* Die Befreiung von der deutschen Besatzung im Zweiten Weltkrieg wird in jedem Jahr am 5. Mai mit einem ganztägigen Openairfestival auf dem Museumplein gefeiert.

JUNI

▶ *Open Tuinen Dagen:* Alljährlich am dritten Juniwochenende öffnen 30 Grachtengärten ihre Türen für Besucher.
▶ *Roots Festival:* Eine bunte Mischung internationaler Weltmusikbands tritt zehn Tage lang an verschiedenen Orten in der Stadt auf. Das Festival wird mit einem kostenlosen Openairkonzert im Oosterpark abgeschlossen.
▶ *Holland Festival:* Zwei Wochen lang gastieren Tanz- und Theaterstücke aus aller Welt in der Stadt. Hauptveranstaltungsort ist die Stadsschouwburg am Leidseplein.
Beginn der ▶ **INSIDER TIPP** *Freilichtbühnen-Saison* im Vondelpark. Kostenlose Musik- und Theaterveranstaltungen bis Ende August

In Amsterdam wird viel gefeiert. Am liebsten im Sommer und am liebsten in Parks, auf Plätzen und entlang der Grachten

JULI

▶ *Amsterdam Pride:* farbenfrohe Schwulenparade am letzten Juli- oder ersten Augustwochenende

AUGUST

▶ *De Parade:* Theater- und Kleinkunstfestival, das durch vier holländische Städte zieht. In Amsterdam macht es im Martin Luther Kingpark halt (Anfang August).

▶ *Grachtenfestival:* Der kulturelle Höhepunkt des Amsterdamer Sommers. Publikumsmagnet ist das kostenlose ▶ ★ *Prinsengrachtkonzert* vorm Pulitzer Hotel Mitte August.

▶ ● *Pluk de Nacht:* Freiluftfilmfest über 10 Tage auf dem Stenen Hoofd am IJ-Ufer

SEPTEMBER

▶ *Jordaan Festival:* ursprünglich ein Nachbarschaftsfest, das sich zum Volksfest mit Musik und Tanz ausgewachsen hat

▶ *Open Monumentendag:* Am zweiten Samstag des Monats sind (fast) alle historischen Denkmäler der Stadt zugänglich.

▶ *Dutch Design Double:* Den ganzen September über gibt es Ausstellungen und Veranstaltungen rund um niederländisches Design an verschiedenen Orten in der Stadt.

OKTOBER

▶ *Grachtenrace:* Ruderbootwettrennen auf den Grachten am zweiten Samstag des Monats

NOVEMBER

Am dritten Sonntag kommt ▶ *Sinterklaas* (Heiliger Nikolaus) per Boot beim Schifffahrtsmuseum an, um dort auf ein Pferd zu steigen und weiter zum Dam zu reiten.

DEZEMBER

Am 5. Dezember ist ▶ *Pakjesavond* (Päckchenabend). Die Niederländer beschenken sich traditionell nicht an Weihnachten, sondern an diesem Tag.

LINKS, BLOGS, APPS & MORE

LINKS

▶ short.travel/ams1 Einheimische verraten ihre Tipps für Amsterdam, von Läden über Restaurants bis hin zu Clubs. Vieles liegt jenseits ausgetretener Pfade

▶ www.unfoldamsterdam.nl Englischsprachiges Veranstaltungsmagazin mit Infos über zeitgenössische Kunst, Festivals, Konzerte und Filme. Liegt auch als Magazin im Posterformat gratis in Läden und Galerien aus

▶ short.travel/ams2 Manch ein beliebtes Restaurant in Amsterdam ist auf Wochen im Voraus ausgebucht. Auf dieser Website kann man die Verfügbarkeit von Tischen überprüfen und auch gleich online reservieren

▶ www.marcopolo.de/amsterdam Spezielle News, Lesermeinungen und Angebote zu Amsterdam

BLOGS & FOREN

▶ www.amsterdamfoodie.nl/blog/ Restaurantkritiken und andere kulinarische Beobachtungen einer Britin in Amsterdam

▶ damstyle.blogspot.com Was trägt man zur Zeit in Amsterdam? Dieser Streetstyle-Fotoblog verrät es

▶ amsterdamize.com In seinem englischsprachigen Blog sammelt Marc van Woudenberg Fotos, Videos und Geschichten rund ums Fahrradfahren in Amsterdam

VIDEOS & STREAMS

▶ www.amsterdamacoustics.com Filme von internationalen Musikern, die in Amsterdam auf der Straße stehen und akustische Versionen ihrer Tracks spielen. Darunter sind viele alternative Bands, aber auch ein paar bekanntere Künstler

▶ short.travel/ams3 Fakten gegen Vorurteile: Der sympathische Film räumt mit Vorstellungen von Amsterdam als Anarcho-Hauptstadt auf

Egal, ob Sie sich auf Ihre Reise vorbereiten oder vor Ort sind: Mit diesen Adressen finden Sie noch mehr Informationen, Videos und Netzwerke, die Ihren Urlaub bereichern. Da manche Adressen extrem lang sind, führt Sie der kürzere short.travel-Code direkt auf die beschriebenen Websites

▶ short.travel/ams4 Ein kurzweiliger Einblick in das Jordaanviertel, inklusive *hofjes,* Kirchen und Anne-Frank-Haus

▶ short.travel/ams5 Amsterdam vor hundert Jahren: Der größte Unterschied zwischen diesen alten Filmaufnahmen und der heutigen Stadtlandschaft ist das Fehlen von Autos auf den Straßen

APPS

▶ GVB App Mit der App der Verkehrsbetriebe GVB weiß man immer, wo die nächste Straßenbahnhaltestelle ist und wann die nächste Bahn fährt

▶ Spotted by Locals App Amsterdam Wer ein iPhone hat, kann die *Amsterdam Local Tips* installieren, mit Hinweisen zu Sehenswürdigkeiten und Gastronomie weitab der Touristenströme

▶ UAR App Für Architekturfreunde gibt es die *Layar-App UAR* vom Architekturzentrum *Arcam,* das vor Ort Informationen über Gebäude in Amsterdam bietet – und zwar auch über solche, die noch gebaut werden müssen

▶ MARCO POLO CityGuide App Amsterdam Entdecken Sie Amsterdam ganz ohne Internetverbindung mit dem interaktiven MARCO POLO CityGuide und Ihrem iPhone bzw. iPod Touch oder Smartphone

NETWORK

▶ www.facebook.com/21stcenturyvillage Facebook-Netzwerk rund ums Shoppen in Amsterdam, das Neuigkeiten und Ankündigungen kleiner Läden veröffentlicht

▶ short.travel/ams9 Online-Forum, in dem man alle Reisefragen zu Amsterdam loswerden kann

▶ short.travel/ams10 Facebook-Community der Stadtmarketing-Initiative „I amsterdam". Amsterdam-Besucher stellen Fragen über aktuelle Veranstaltungen und posten Fotos, nützliche Links und andere Empfehlungen

▶ short.travel/ams11 Das „Couchsurfing"-Netzwerk verbindet Reisende mit Menschen in den Ländern und Städten, die sie besuchen, in diesem Fall mit Menschen in Amsterdam

PRAKTISCHE HINWEISE

ANREISE

🚗 Amsterdam ist sehr gut über das niederländische Autobahnnetz zu erreichen. Allerdings gibt es rund um die holländische Hauptstadt ständig Staus. Nicht nur deshalb ist es wenig empfehlenswert, mit dem Auto anzureisen. Günstige P-&-R-Möglichkeiten gibt es entlang der Ringautobahn A 10: unter dem Bahnhof Sloterdijk, auf dem Zeeburgereiland, im Parkhaus am Olympiastadion, am Bos en Lommerplein und unter der Arena. Bis zu 4 Tage am Stück darf man für 8 Euro pro Tag parken und erhält dazu maximal fünf Stundentickets für den öffentlichen Nahverkehr. Das Parkticket muss man dem Parkwächter geben, der den Sondertarif aktiviert. www.parkerenindestad.nl

GRÜN & FAIR REISEN

Auf Reisen können auch Sie mit einfachen Mitteln viel bewirken. Behalten Sie nicht nur die CO$_2$-Bilanz für Hin- und Rückflug im Hinterkopf (www.atmosfair.de), sondern achten und schützen Sie auch nachhaltig Natur und Kultur im Reiseland (www. gate-tourismus.de; www.zukunft-reisen.de; www.ecotrans.de). Gerade als Tourist ist es wichtig, auf Aspekte zu achten wie Naturschutz (www. nabu.de; www.wwf.de), regionale Produkte, Fahrradfahren (statt Autofahren), Wassersparen und vieles mehr. Wenn Sie mehr über ökologischen Tourismus erfahren wollen: europaweit www.oete.de; weltweit www.germanwatch.org

🚆 Zwischen Frankfurt, Köln und Amsterdam verkehren ICE-Züge (Fahrtdauer 4 bzw. 3 Std.). Von Berlin fahren IC-Züge über Hilversum und ICE-Züge über Duisburg in ca. sieben Stunden nach Amsterdam. Wer aus dem Norden kommt, muss meist in Osnabrück umsteigen. Über Nacht fährt die City-Nightline von Zürich bzw. München nach Amsterdam.

✈ Mehrmals täglich starten Linienflüge aus allen großen europäischen Städten nach Amsterdam-Schiphol. Dort landen auch die Budget-Fluglinien Transavia und Easyjet aus Berlin. Der Flughafen liegt etwa 18 km südwestlich der Stadt. Alle Viertelstunde fährt ein Zug zum Hauptbahnhof (Fahrzeit ca. 20 Min., Fahrpreis 4 Euro). Ein Taxi in die Innenstadt kostet 45 Euro. Wer im 4- oder 5-Sterne-Hotel nächtigt, kann auch den KLM-Shuttlebus nehmen, der zweimal stündlich fährt. Info Schiphol: Tel. 0900 0141 | www.schiphol.nl. Aus Friedrichshafen gibt es auch Billigflüge nach Rotterdam. Vom Flughafen fährt Bus 33 in 20 Minuten zum Bahnhof, wo man in den Zug nach Amsterdam steigen kann, mit dem man eine knappe weitere Stunde unterwegs ist.

AUSKUNFT VOR DER REISE

NIEDERLÄNDISCHES BÜRO FÜR TOURISMUS (NBT)
Postfach 270 580 | 50 511 Köln | www. niederlande.de | www.iamsterdam.com

AUSKUNFT IN AMSTERDAM

AMSTERDAM TOURIST OFFICE (VVV)
In den Geschäftstellen des Tourismusamts bekommen Sie Informationen und Tickets

Von Anreise bis Zoll

Urlaub von Anfang bis Ende: die wichtigsten Adressen und Informationen für Ihre Amsterdamreise

für Stadtrundfahrten. Außerdem Vermittlung von Hotel- und Pensionszimmern gegen Gebühr. In der Hauptsaison müssen Sie vor allem im Büro auf dem Stationsplein mit langen Warteschlangen rechnen!

– Stationsplein 10 (gegenüber dem Hauptbahnhof) | Mo–Sa 9–18, So 9–17 Uhr

– Flughafen Schiphol (Ankunftshalle) | tgl. 7–22 Uhr | Tel. 020 2 01 88 00 | www.vvv.nl

DIPLOMATISCHE VERTRETUNGEN

DEUTSCHES KONSULAT AMSTERDAM
Honthorststraat 36–38 | Tel. 020 5 74 77 00 | www.den-haag.diplo.de

ÖSTERREICHISCHE BOTSCHAFT DEN HAAG
Van Alkemadelaan 342 | Tel. 070 3 24 54 70 | www.aussenministerium.at/denhaag

SCHWEIZER BOTSCHAFT DEN HAAG
Lange Voorhout 42 | Tel. 070 3 64 28 31 | www.eda.admin.ch/denhaag

FAHRRADVERLEIH

Aufs Rad schwingen sollten sich in Amsterdam nur erprobte, sichere Radfahrer, der Verkehr ist chaotisch. Dennoch ist eine **INSIDER TIPP** Radtour durch die Stadt der fietsen natürlich ein einmaliges Erlebnis. Die Leihgebühr beträgt ab 9 Euro für 24 Stunden.

– ● Star Bikes (De Ruyterkade 127 | Tel. 020 6 20 32 15 | www.starbikesrental.com)

– Rent A Bike (Damstraat 20–22 | Tel. 020 6 25 50 29 | www.bikes.nl)

– Mac Bike (Weteringsschans 2, Leidseplein | Stationsplein 5, Hauptbahnhof | Waterlooplein 199 | Tel. 020 6 20 09 85 | www.macbike.nl)

GELD & PREISE

Wundern Sie sich nicht, wenn Sie statt 52 nur 50 Cent zurückbekommen: In den Niederlanden werden alle Beträge auf 5 Cent gerundet. 1- und 2-Cent-Münzen gibt es daher kaum. Dafür ist bargeldloses Bezahlen auch bei kleinen Beträgen sehr weit verbreitet. In den meisten Restaurants, Geschäften und Supermärkten kann man mit EC-Karte (mit Maestro-Zeichen) und PIN-Code bezahlen. Kreditkarten werden hingegen in vielen Cafés und kleinen Restaurants nicht akzeptiert. Allgemein gilt, dass man auch beim Bezahlen mit Kreditkarte unbedingt den dazugehörigen PIN-Code wissen muss! Restaurants, Taxis und Hotels sind spürbar teurer als in Deutschland. Sonst liegen die Lebenshaltungskosten auf vergleichbarem Niveau.

GESUNDHEIT

Benötigen Sie ärztliche Hilfe, wenden Sie sich an einen praktischen Arzt (huisarts). Der hausärztliche Notdienst ist rund um die Uhr erreichbar: Tel. 088 0 03 06 00. Die Europäische Krankenversicherungskarte (EHIC) wird akzeptiert.

GRACHTENRUNDFAHRTEN

Was wäre ein Amsterdambesuch ohne Grachtenrundfahrt? Entsprechend viele Anbieter solcher Touren gibt es. Die meisten Rundfahrten starten beim Hauptbahnhof oder vorm Rijksmuseum und haben alle ein ähnliches Programm und ähnliche Preise. Man kann Tickets online kaufen, aber in der Regel gibt es auch an den Schaltern keine langen Wartezeiten, denn die Tagesrundfahrten starten alle halbe Stunde. Die einstündige Fahrt führt durch den Grachtenring und den Goldenen Bogen, das Jordaan-Viertel, auf das IJ hinaus, in das Hafenbecken Oosterdok und meist auch ein Stück entlang der Amstel. Erläuterungen kommen in mehreren Sprachen vom Band. Der Preis liegt um 13 Euro, angeboten z. B. von *Rederij Lovers (Tel. 020 5 30 10 90 | www.lovers.nl)*; *Amster-dam Canal Cruises (Tel. 020 6 26 56 36 | www.amsterdamcanalcruises.nl)*; *Boathouse (Tel. 020 3 37 97 33 | www.canalcruisesamsterdam.com)*. Auch Abendfahrten mit oder ohne Essen gehören zum Angebot *(siehe S. 80)*. Ökologisch korrekte Grachtenrundfahrten in ☺ erdgasbetriebenen Booten gibt es bei *Amsterdam ECO Tours* (120 C2) *(മ G3) (Damrak 6 | www.canal.nl | Tel. 0900 3 33 44 42)*. Wer selber Kapitän sein möchte, kann bei ☺ INSIDER TIPP ▸ *Boaty* (128 B4) *(മ F7) (ab 79 Euro für 3 Std., max. 6 Personen | Ferdinand Bolstraat 333 | Tel. 06 27 14 94 93 | www.boaty. nl | Tram 12, 25 Scheldestraat)* ein mit Ökostrom angetriebenes Elektroboot mieten.

WETTER IN AMSTERDAM

	Jan.	Feb.	März	April	Mai	Juni	Juli	Aug.	Sept.	Okt.	Nov.	Dez.
Tagestemperaturen in °C	5	5	9	13	17	20	22	22	19	14	9	6
Nachttemperaturen in °C	1	1	3	6	9	12	15	15	12	8	5	2
Sonnenschein Stunden/Tag	2	2	4	6	7	7	6	6	5	3	2	1
Niederschlag Tage/Monat	14	11	9	9	9	9	11	11	12	12	14	13
Wassertemperaturen in °C	5	5	6	8	11	13	16	17	16	14	10	8

I AMSTERDAM CITY CARD

Der Kultur- und Freizeitpass *I amsterdam City Card* ist für ein, zwei oder drei Tage erhältlich. Mit der Chipkarte nimmt man je nach Anbieter nicht nur verbilligt oder gar kostenlos an einer Grachtenfahrt teil und benutzt die öffentlichen Verkehrsmittel, sondern hat auch freien Zugang zu einigen Museen, u. a. Van Gogh, Amsterdam und Rijksmuseum. Außerdem sind Preisnachlässe für einige Attraktionen und Restaurants enthalten. Der Pass kostet 42 Euro (1 Tag), 52 Euro (2 Tage) oder 62 Euro (3 Tage). Man erhält ihn bei den Filialen des VVV und online unter *www.iamsterdamcard.nl*.

INTERNETZUGANG & WLAN

Internetcafés gibt es in Amsterdam fast gar nicht mehr, aber dafür bieten viele Cafés und Restaurants gratis Internetzugang. Bei *www.wifi-amsterdam.nl* finden Sie einen Stadtplan, auf dem sie verzeichnet sind. Auch in der *Stadtbibliothek (S. 36)* und rund um die *Stadtwaage (S. 37)* auf dem Nieuwmarkt gibt es kostenloses WLAN. In den meisten Hotels müssen Sie dagegen etwa 20 Euro pro Tag für den Internetzugang bezahlen.

NOTRUF

Krankenwagen, Polizei, Feuerwehr: *Tel. 112*; ärztlicher Notdienst: *Tel. 088 0 03 06 00*

ÖFFENTLICHE VERKEHRSMITTEL

Es verkehren Straßenbahnen *(tram)* und Busse sowie einige Metrolinien. Als Fahrscheine dienen Chipkarten. Die alten *strippenkaarten* (Sammelfahrscheine) werden nicht mehr verkauft und sind auch nicht mehr gültig. 1-Stunden-Chipkarten kosten 2,80 Euro und sind in ganz Amsterdam gültig. Günstiger sind Tages- und Mehrtages-Chipkarten. Tageskarten gelten 24 Stunden lang, kosten 7,50 Euro und sind beim Schaffner erhältlich. Mehrtageskarten gibt es dagegen nur beim *GVB Ticket & Info* vor dem Hauptbahnhof, an Automaten an Metrohaltestellen sowie an manchen Hotelrezeptionen. Bei Straßenbahnen steigt man meist an einer der hinteren Türen ein, wo der Schaffner sitzt. Für alle Chipkarten gilt, dass man damit unbedingt beim Einsteigen ein- und beim Aussteigen wieder auschecken muss, auch wenn man nur umsteigen will! Dafür halten Sie die Karte vor ein Lesegerät neben der Schaffnerkabine bzw. an der Tür, bis es kurz piept. Vergessen Sie das Auschecken, wird die Karte ungültig.

Nach Amsterdam-Noord verkehren neben Bussen auch kostenlose Fähren, die allesamt auf der Nordseite des Hauptbahnhofs ablegen. Nur die Fähre zum Buiksloterweg fährt die ganze Nacht hindurch. Die anderen Fähren verkehren bis ca. 24 Uhr. Auch Busse und Bahnen fahren unter der Woche bis ca. 24 Uhr, am Wochenende bis ca. 1 Uhr. Danach verkehren Nachtbusse, für die Sondertarife gelten. Ein Einzelfahrschein kostet 4,50 Euro und ist 1,5 Stunden lang gültig. *www.gvb.nl*

ÖFFNUNGSZEITEN

Geschäfte sind Mo–Fr meist von 9–18 Uhr geöffnet. Donnerstags schließen die Läden im Zentrum um 21 Uhr. Am Samstag kann man bis 18 Uhr shoppen, am Sonntag in der Innenstadt von 12–17 Uhr. Supermärkte sind Mo–Sa bis 20 Uhr geöffnet, in der Innenstadt Mo–Sa bis 22, So bis 20 Uhr. Marktbuden werden gegen 16 Uhr abgebaut.

PARKEN

Innerhalb des Autobahnrings A 10 ist das Parken überall kostenpflichtig. Parktickets gibt's an Automaten auf der Straße. In den Stadtteilen Centrum, Noord und Oud-West kann man nur mit EC- oder Kreditkarte, also nicht mit Bargeld zahlen. In den übrigen Stadtteilen brauchen Sie Münzen. Bei den modernsten Parkautomatmodellen gibt man sein Kennzeichen ein und braucht keinen Parkschein mehr hinter die Windschutzscheibe zu legen. Kosten in der Innenstadt: *5 Euro pro Std., 45 Euro Tagesticket (9–24 Uhr).* Außerhalb des Zentrums sind Parkscheine billiger. Wer ohne gültigen Schein erwischt wird, zahlt Bußgeld in Höhe von 51,90 Euro. Abschleppen kostet etwa 150 Euro.

WAS KOSTET WIE VIEL?

Kaffee	2,50 Euro *im Café für einen koffie verkeerd*
Bier	2 Euro *für ein Glas Bier (0,3 l)*
Kino	10 Euro *für einen Kinobesuch*
Tulpen	5 Euro *für 10 Stück*
Lunch	10 Euro *für einen einfachen Lunch*
Tram	2,80 Euro *für ein Tramticket*

Parkhäuser in der Amsterdamer Innenstadt *(ca. 40 Euro/Tag):* Europarking *(Marnixstraat 250)*; im Kaufhaus Bijenkorf, im Muziektheater *(Waterlooplein)*, am *Nieuwezijds Kolk* und im Byzantium *(Tesselschadestraat 1).* Park & Ride beim Transferium Arena *(8 Euro inkl. 5 Metrotickets, Sondertarif beim Parkwächter aktivieren lassen!).* Weitere Infos unter *www.parkerenindestad.nl*

POST

Postämter sind meist Mo–Fr von ca. 9–17 Uhr, Sa von 9–13 Uhr geöffnet. Allerdings verschwinden sie immer mehr aus dem niederländischen Straßenbild. Briefmarken bekommt man auch in den Zeitschriftenläden der Kette *Bruna* und am Schalter in *Albert-Heijn*-Supermärkten. Das Porto für Postkarten und Briefe ins europäische Ausland beträgt 90 Cent. *www.tntpost.nl*

STADTFÜHRUNGEN

Amsterdam lässt sich sehr gut zu Fuß erkunden. Deutschsprachige Führungen durch die Altstadt bieten – außer den großen Reiseagenturen – unter anderem *Local Experts (Tel. 020 4 08 51 00 | www.local-experts.com)* und *TopTours (Tel. 020 6 20 93 38 | www.toptours.net)*. Bei denselben Agenturen kann man auch thematische Spaziergänge durchs Rotlichtviertel und durch die **INSIDER TIPP** *hofjes* im Jordaan buchen. Der Preis pro Person liegt je nach Tour zwischen 15 und 25 Euro.

Fahrradtouren durch Amsterdam mit einem Guide vorneweg bietet nahezu jeder Fahrradverleih an. Das umfangreichste Programm geführter Touren – bis hin zu Ausflügen ans IJsselmeer – finden Sie bei *Orange Bike* (120 A3)(*M F3*) *(Singel 233 | Tel. 020 5 28 99 90 | www.orangebike.nl | Tram 1, 2, 5, 13, 17 Dam)* und *Yellow Bike* (120 B2)(*M G3*) *(Nieuwezijds Kolk 29 | Tel. 020 6 20 69 40 | www.yellowbike.nl | Tram 1, 2, 5, 13, 17 Kolk)*. Preis um 20 Euro für 3 Stunden inklusive Fahrradmiete.

Seit einer Weile gibt es auch Busführungen in Amsterdam, zum Beispiel mit dem *Tourist Bus* (120 C2) *(☐ G3)* *(Preis 13 Euro | Dauer 1 Stunde, 45 Minuten, Abfahrt alle halbe Stunde zwischen 9.30 und 17 Uhr | Damrak 34 | www.touristbusamsterdam.com | 5 Min. Fußweg vom Hauptbahnhof)*. Man sollte jedoch bedenken, dass die Gassen der Altstadt eng sind und Busse nur entlang der Hauptstraßen fahren können.

Wer sich Amsterdam auf umweltfreundliche Art ansehen will, ohne selber laufen oder strampeln zu müssen, kann Touren mit dem Elektro-Stehroller *Segway (Tel. 088 0 12 30 50 | www.segwaybooking.com)* buchen. Mit einem Preis von 40 Euro aufwärts für 90 Minuten inklusive Fahrtraining sind sie zwar recht teuer, machen aber umso mehr Spaß.

TAXI

Standplätze finden Sie etwa am Hauptbahnhof, vor vielen großen Hotels und natürlich an großen Plätzen wie dem Leidseplein. Taxis auf der Straße zu erwischen ist eher schwierig, da viele nicht anhalten. Auch falls ein Fahrer Ihnen gegenüber das Gegenteil behauptet: Sie dürfen frei wählen, mit welchem Taxi Sie fahren! *Tel. 020 6 77 77 77 | www.tcataxi.nl | Grundgebühr 2,65 Euro, danach 1,95 Euro pro km*.

Zwischen dem Bahnhof und dem Victoria Hotel gibt es einen speziellen Standplatz für ♻ grüne Taxis. Dazu gehören elektrische Motorcabs ebenso wie sogenannte *Clean Cabs,* die ein wenig an Golfcarts erinnern. Im Zentrum von Amsterdam findet man auch Fahrradtaxis. Man kann sie auf der Straße anhalten oder über *Tel. 06 28 24 75 50* rufen. Standplätze gibt es am Dam und am Leidseplein. Die Fahrt kostet pro Passagier 5 Euro pro 10 Minuten. *www.wielertaxi.nl*

TELEFON & HANDY

Für die immer seltener werdenden grünen Telefonzellen braucht man eine Telefonkarte, erhältlich in Zeitschriftenläden, bei der Post oder im VVV.

Vorwahlen: Deutschland *0049*, Österreich *0043*, Schweiz *0041*, Niederlande *0031*, Amsterdam *(0)20*

TRINKGELD

Im Taxi, Restaurant und Café wird aufgerundet. Man gibt ca. fünf bis zehn Prozent. Der Zimmerservice im Hotel erhält 1–2 Euro pro Tag.

VERANSTALTUNGEN

Im *Uitbureau (Leidseplein 26, in der Stadsschouwburg | Mo–Fr 10–19.30, Sa 10–18, So 12–18 Uhr | Tram 1, 2, 5, 6, 7, 10)* gibt's Tickets für alle Abendveranstaltungen. Kartenvorverkauf telefonisch (per Kreditkarte) in den Niederlanden: *tgl. 9–16 Uhr | Tel. 0900 01 91 | www.aub.nl (nur niederländisch)*. Aus dem Ausland: *Tel. +31 2 06 21 12 88*. Im *Uitbureau* erhält man die kostenlose, monatliche Veranstaltungszeitschrift *Uitkrant.* Ebenfalls kostenlos ist die niederländische Veranstaltungszeitschrift *NL20*, die an verschiedenen Stellen in der Stadt ausliegt. Englische Informationen stehen im monatlich erscheinenden *Time Out Magazine*, das es in Zeitschriftenläden gibt.

ZOLL

Waren für private Zwecke können innerhalb der Mitgliedsstaaten der EU in unbegrenzten Mengen zollfrei ein- und ausgeführt werden *(www.zoll-d.de)*. Für Schweizer gelten Mengenbeschränkungen, z. B. 200 Zigaretten, 2 l Wein und 1 l Spirituosen.

SPRACHFÜHRER NIEDERLÄNDISCH

AUF EINEN BLICK

ja/nein/vielleicht	ja [ja]/nee [nee]/misschien [miss-chien]
bitte/danke	*(Sie)* alstublieft [aschtüblieft]/*(du)* alsjeblieft [aschjeblieft]/bedankt [bedankt]
Entschuldigung.	Sorry. [sorri]
Darf ich ...?	Mag ik ...? [mach ick]
Wie bitte?	Pardon? [pardong]
Ich möchte .../Haben Sie ...?	Ik wil graag ... [ick will chraach]/Heeft u ...? [heeft ü]
Wie viel kostet ...?	Hoeveel kost ...? [hufeel kost]
Das gefällt mir (nicht).	Dat vind ik (niet) leuk. [dat find ick (niet) löük]
kaputt/funktioniert nicht	kapot [kapott]/werkt niet [werkt niet]
Hilfe!/Achtung!/Vorsicht!	Hulp! [hülp]/Let op! [lett opp]/Voorzichtig! [foorsichtich]
Krankenwagen	ambulance [ambülanze]
Polizei/Feuerwehr	politie [polizi]/brandweer [brandweer]

BEGRÜSSUNG & ABSCHIED

Gute(n) Morgen/Tag!/Abend!/Nacht!	Goeden morgen/dag! [chuje morche/dach]/avond!/nacht! [afond/nacht]
Hallo!/Auf Wiedersehen!	Hallo! [hallou]/Dag! [daach]
Tschüss!	Doei! [duui]
Ich heiße ...	Ik heet ... [ick heet]
Wie heißen Sie?	Hoe heet u? [hu heet ü]
Wie heißt du?	Hoe heet je? [hu heet je]
Ich komme aus ...	Ik kom uit ... [ick komm öüt]

DATUMS- & ZEITANGABEN

Montag/Dienstag	maandag [maandach]/dinsdag [dinnsdach]
Mittwoch/Donnerstag	woensdag [wuunsdach]/donderdag [donderdach]
Freitag/Samstag	vrijdach [fraidach]/zaterdag [saterdach]
Sonntag/Feiertag	zondag [sonndach]/feestdag [feestdach]
heute/morgen/gestern	vandaag [fanndaach]/morgen (morche)/gisteren (chisteren]
Wie viel Uhr ist es?	Hoe laat is het? (hu laat is hett]
Es ist drei Uhr.	Het is drie uur [hett is drie üür]
Es ist halb vier.	Het is half vier. [hett is half fier]
Viertel vor vier	Kwart voor vier [kwart foor fier]
Viertel nach vier	Kwart na vier [kwart naa fier]

Spreek jij nederlands?

„Sprichst du Niederländisch?" Dieser Sprachführer hilft Ihnen, die wichtigsten Wörter und Sätze auf Niederländisch zu sagen

UNTERWEGS

offen/geschlossen	open [oupen]/gesloten [cheslooten]
Eingang/Einfahrt	ingang [innchang]/inrit [inritt]
Ausgang/Ausfahrt	uitgang [öütchang]/*(Parkhaus)* uitrit [öütritt], *(Autobahn)* afslag [affslach]
Abfahrt/Abflug/Ankunft	vertrektijd [fertrekktait]/vertrek [fertrekk]/ aankomst [aankommst]
Toiletten/Damen/Herren	toilet [toalett]/dames [daames]/heren [heeren]
(kein) Trinkwasser	(geen) drinkwater [(cheen) drinkwaater]
Wo ist ...?/Wo sind ...?	Waar is ...? [waar is]/Waar zijn ...? [waar sain]
links/rechts	links [links]/rechts [rechts]
geradeaus/zurück	rechtdoor [rechtdoor]/terug [terüch]
nah/weit	dichtbij [dichtbai]/ver [ferr]
Bus/Straßenbahn	bus [büss]/tram [trämm]
U-Bahn/Taxi	metro [metro]/taxi [taxi]
Haltestelle/Taxistand	station [stasionn]/taxistandplaats [taxistandplaats]
Parkplatz/Parkhaus	parkplaats [parkplaats]/ parkeergarage [parkeercharasche]
Bahnhof/Hafen	station [stasjonn]/haven [haafen]
Flughafen	luchthaven [lüchthaafen]
Fahrplan/Fahrschein	dienstregeling [dienstreecheling]/kaartje [kaartje]
einfach/hin und zurück	enkel [enkel]/retour [retuur]
Zug/Gleis	trein [trejn]/spoor [spoor]
Bahnsteig	perron [peronn]
Ich möchte ... mieten	Ik wil graag ... huren [ick will chraach ... hüüren]
ein Auto/Fahrrad/Boot	een auto [enn auto]/fiets [fiets]/boot [boot]
Tankstelle	tankstation [tenkstasjonn]
Benzin/Diesel	benzine [bensiene]/diesel [diesel]
Panne/Werkstatt	autopech [autopech]/garage [charasche]

ESSEN & TRINKEN

Reservieren Sie uns bitte für heute Abend einen Tisch für vier Personen.	Wilt u alstublieft voor vanavond een tafel voor vier personen voor ons reserveren. [Willt ü aschtüblieft foor fannaafont en taafel foor fier persoonen foor ons reserweeren]
auf der Terrasse	op het terras [opp het terrass]
am Fenster	bij het raam [bai het raam]
Die Speisekarte, bitte.	De kaart, alstublieft. [de kaart aschtüblieft]
Könnte ich bitte ... haben?	Mag ik ...? [mach ick]
Flasche/Karaffe/Glas ...	fles [fläss]/karaf [karaff]/glas [chlass] ...

Messer/Gabel/Löffel	mes [mäss]/fork [fork]/lepel [leepel]
Salz/Pfeffer/Zucker	zout [saut]/peper [peeper]/suiker [söüker]
Essig/Öl	azijn [asain]/olie [olie]
mit/ohne Eis/ Kohlensäure	met [mätt]/zonder ijs [sonder ais]/ bubbels [bübbels]
Ich möchte zahlen, bitte.	Mag ik afrekenen. [mach ick affreekenen]
Rechnung/Quittung	rekening [reekening]/bonnetje [bonnetje]

EINKAUFEN

Wo finde ich ...?	Waar vind ik...? [waar finnt ick]
Ich möchte .../Ich suche ...	Ik will ... [ick will]/Ik zoek ... [ick suuk]
Apotheke/Drogerie	apotheek [apoteek]/drogisterij [droochisterai]
Bäckerei/Markt	bakker [bakker]/markt [markt]
Einkaufszentrum	winkelcentrum [winkelsentrümm]
Supermarkt	supermarkt [süpermarkt]
100 Gramm/1 Kilo	1 ons [ons]/1 kilo [kielo]
teuer/billig/Preis	duur [düür]/goedkoop [chuutkoop]/prijs [prais]
mehr/weniger	meer [meer]/minder [minder]

ÜBERNACHTEN

Ich habe ein Zimmer reserviert	Ik heb een kamer gereserveerd [ick hepp en kaamer chereserveert]
Haben Sie noch ...	Heeft u nog ... [heeft ü noch]
Einzelzimmer	eenpersoonskamer [eeinpersoonskaamer]
Doppelzimmer	tweepersoonskamer [tweepersoonskaamer]
Frühstück/Halbpension	ontbijt [ontbait]/halfpension [halfpensionn]
Vollpension	volpension [follpensionn]
nach vorne/zum Meer	naar de voorkant [naar de foorkannt]/ naar de zee [naar de see]
Dusche/Bad	douche [duusch]/badkamer [battkaamer]
Balkon/Terrasse	balkon [balkonn]/terras [terrass]
Schlüssel/Zimmerkarte	sleutel [slöötel]/sleutelkaart [slöötelkaart]

BANKEN & GELD

Bank/Geldautomat	bank [bank]/pinautomat [pinnautomaat]
bar/ec-Karte/ Kreditkarte	kontant [kontant]/pinpas [pinnpass]/ creditcard [kredditkaart]

GESUNDHEIT

Arzt/Zahnarzt/Kinderarzt	arts [arts]/tandarts [tandarts]/kinderarts [kinderarts]
Krankenhaus/ Notfallpraxis	ziekenhuis [siekenhöüs]/ spoedeisende hulp[spuutaisende hülp]

Fieber/Schmerzen	koorts [koorts]/pijn [pain]
Durchfall/Übelkeit	diaree [diaree]/misselijkheid [misselickhait]
entzündet/verletzt	ontstoken [ontstooken]/gewond [chewonnt]
Schmerzmittel/Tablette	pijnstiller [painstiller]/tablet [tablett]

TELEKOMMUNIKATION & MEDIEN

Briefmarke/Brief	zegel [sechel]/brief [brief]
Postkarte	aanzichtkaart [aansichtkaart]
Ich brauche eine Telefonkarte fürs Festnetz.	Ik wil graag een telefoonkaart voor het vaste net. [ick will chraach en telefoonkaart foor het faste net]
Ich suche eine Prepaidkarte für mein Handy.	Ik zoek een prepaid-kaart voor mijn mobieltje. [ick suuk en prepaid-kaart foor main mobieltje]
Wo finde ich einen Internetzugang?	Waar krijg ik toegang tot internet [waar kraich ick tuuchang tot internet]
Steckdose/Adapter/Ladegerät	stopcontact [stoppkontakt]/adapter [adapter]/oplader [oplader]
Computer/Batterie/Akku	computer [compjuter]/batterij [batterai]/accu [akkü]
Internetanschluss/WLAN	internetverbinding [internetferbinding]/WLAN
E-Mail/Datei/ausdrucken	mail [mäil]/bestand [bestand]/uitdraaien [öütdraajen]

FREIZEIT, SPORT & STRAND

Strand/Strandbad	strand [strand]/strandbad [strandbad]
Sonnenschirm/Liegestuhl	zonnescherm [sonne scherm]/zonnestoel [sonnestuul]
Ebbe/Flut	laagwater [laachwaater]/hoogwater [hoochwaater]

ZAHLEN

0	nul [nüll]	15	vijftien [faiftien]
1	één [ejn]	16	zestien [sestien]
2	twee [twee]	17	zeventien [söwentien]
3	drie [drie]	18	achtien [achtien]
4	vier [fier]	19	negentien [neechentien]
5	vijf [faif]	70	zeventig [söwentich]
6	zes [ses]	80	tachtig [tachtich]
7	zeven [söwen]	90	negentig [neechentich]
8	acht [acht]	100	honderd [hondert]
9	negen [neechen]	200	tweehonderd [tweehondert]
10	tien [tien]	1000	duizend [döüsent]
11	elf [elf]	2000	tweeduizend [tweedöüsent]
12	twaalf [twaalf]	10000	tienduizend [tiendöüsent]
13	dertien [därtien]	1/2	half [half]
14	viertien [fiertien]	1/4	kwart [kwart]

EIGENE NOTIZEN

MARCO ⊕ POLO

Unser Urlaub

Web • Apps • eBooks

Die smarte Art zu reisen

Jetzt informieren unter:

www.marcopolo.de/digital

Individuelle Reiseplanung,
interaktive Karten, Insider-Tipps.
Immer, überall, aktuell.

CITYATLAS

Die grüne Linie ▬▬ zeichnet den Verlauf der Stadtspaziergänge nach.

Der Gesamtverlauf dieser Spaziergänge ist auch in der herausnehmbaren Faltkarte eingetragen

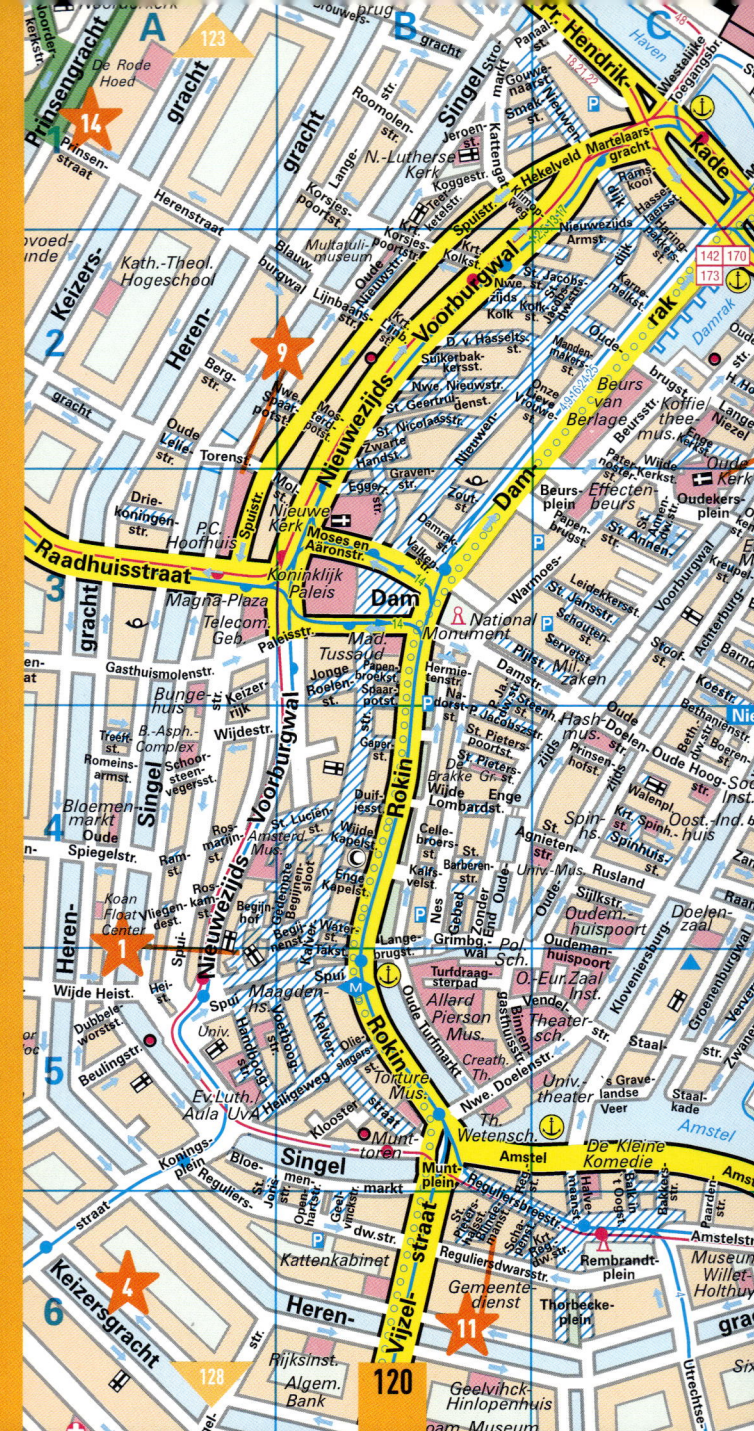

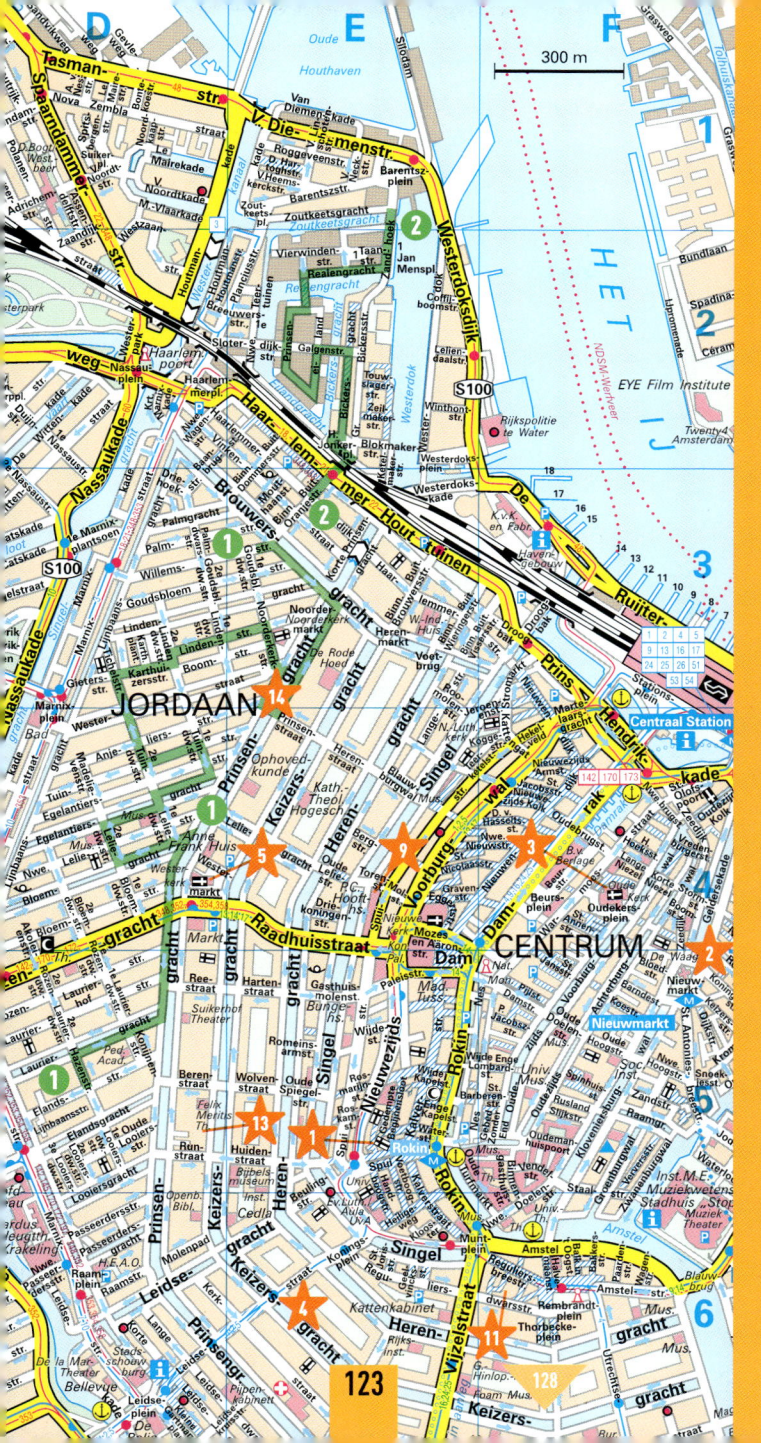

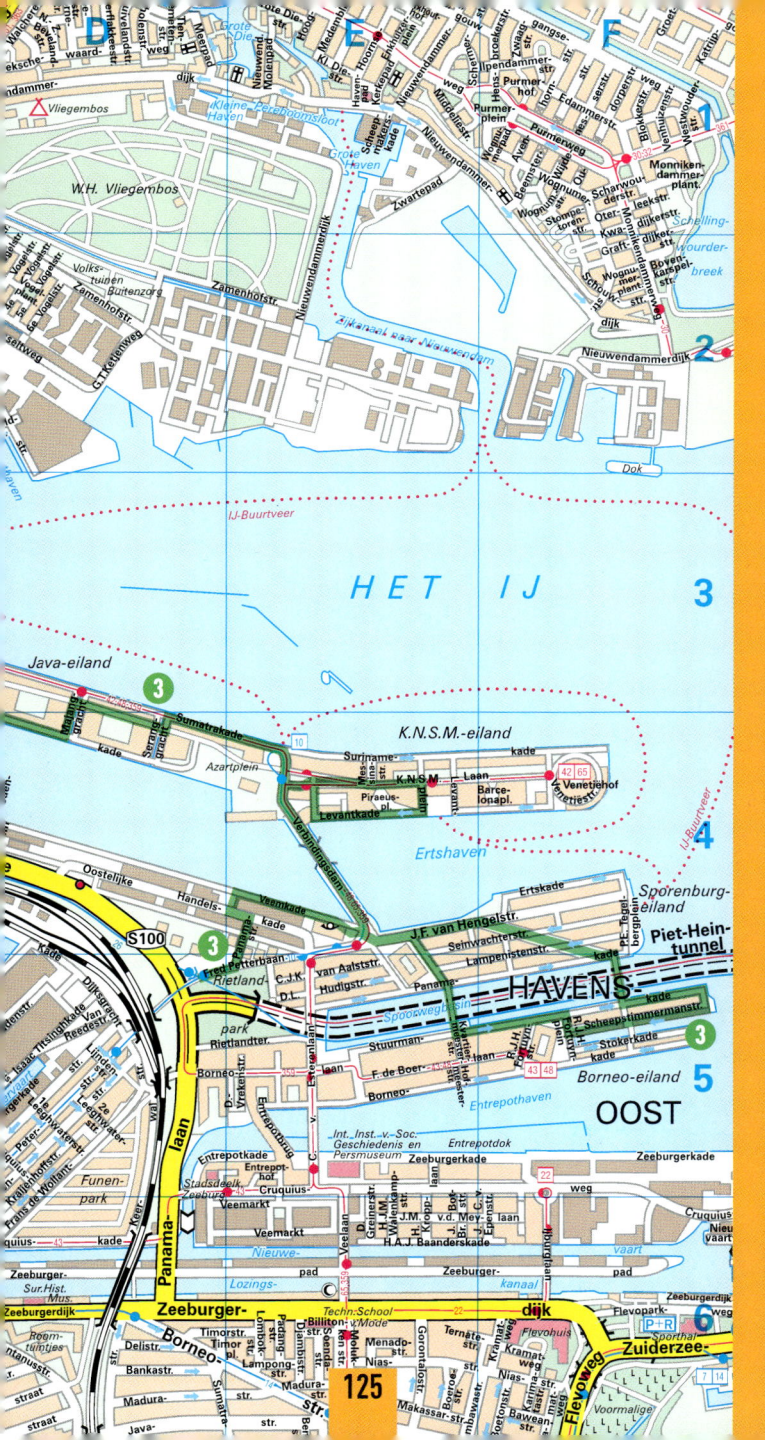

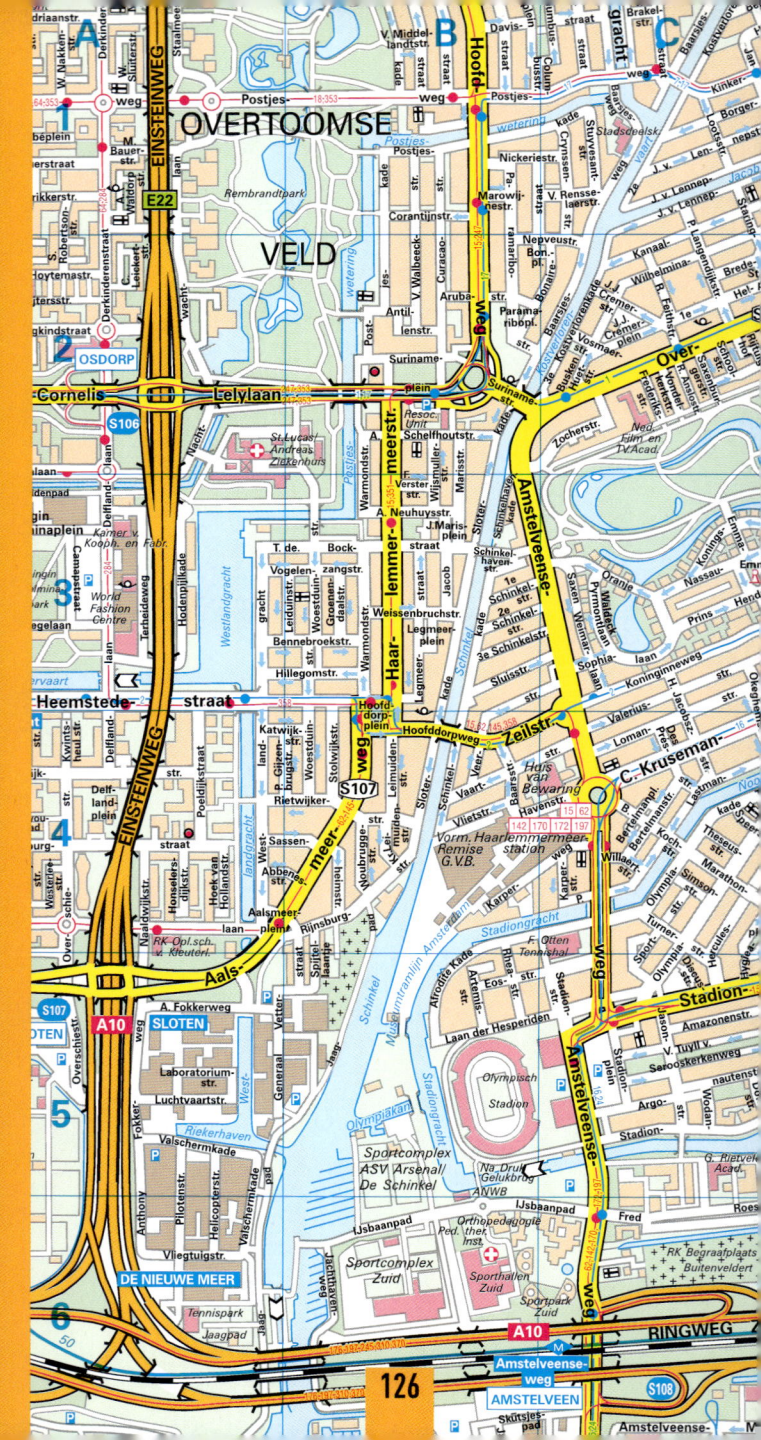

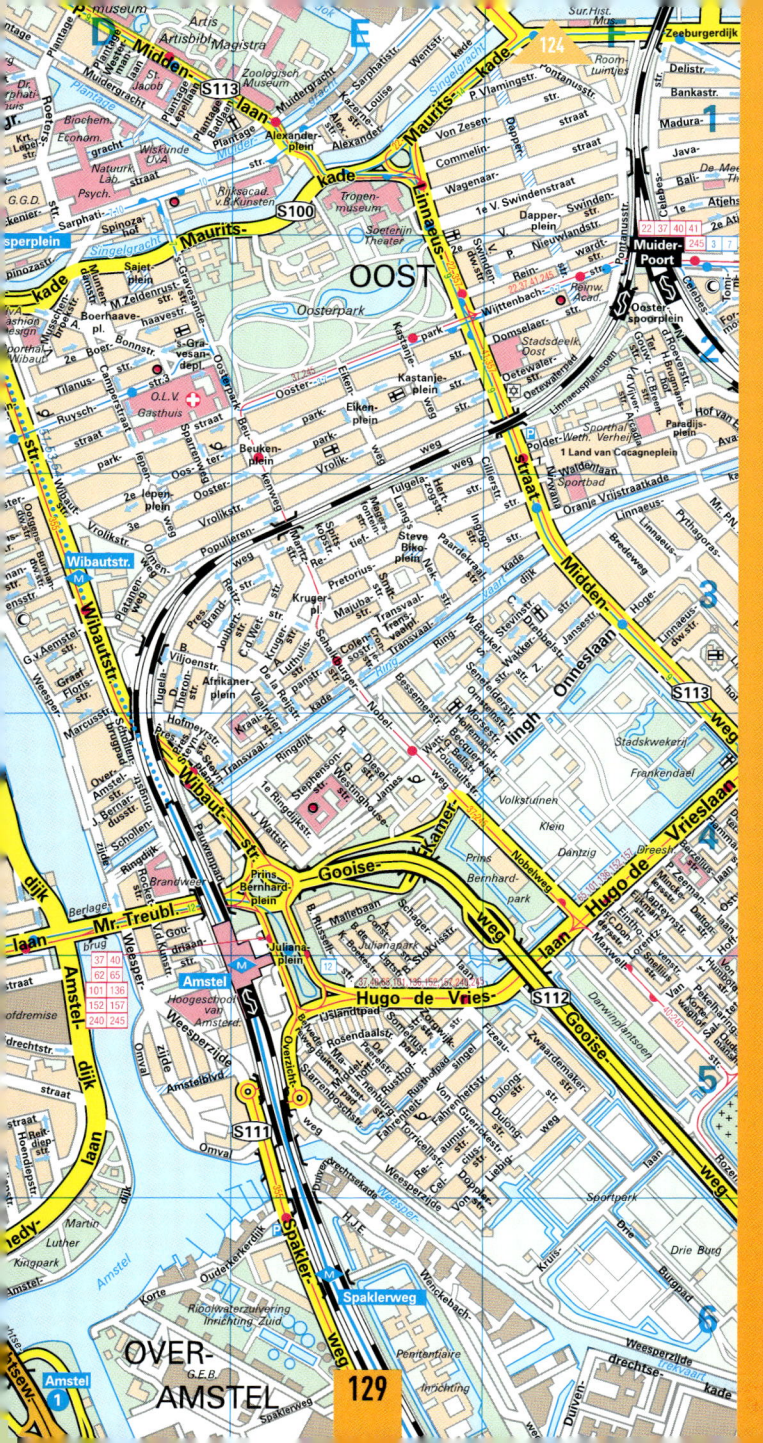

Das Register enthält eine Auswahl der im Cityatlas dargestellten Straßen und Plätze

STRASSENREGISTER

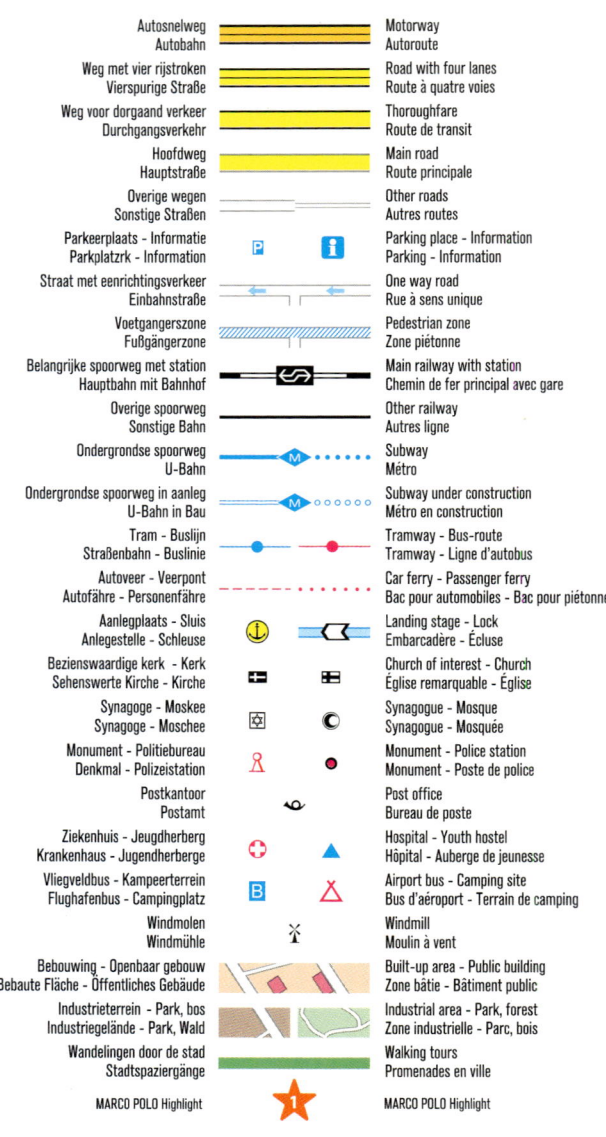

Autosnelweg / Autobahn		Motorway / Autoroute
Weg met vier rijstroken / Vierspurige Straße		Road with four lanes / Route à quatre voies
Weg voor dorgaand verkeer / Durchgangsverkehr		Thoroughfare / Route de transit
Hoofdweg / Hauptstraße		Main road / Route principale
Overige wegen / Sonstige Straßen		Other roads / Autres routes
Parkeerplaats - Informatie / Parkplatzrk - Information		Parking place - Information / Parking - Information
Straat met eenrichtingsverkeer / Einbahnstraße		One way road / Rue à sens unique
Voetgangerszone / Fußgängerzone		Pedestrian zone / Zone piétonne
Belangrijke spoorweg met station / Hauptbahn mit Bahnhof		Main railway with station / Chemin de fer principal avec gare
Overige spoorweg / Sonstige Bahn		Other railway / Autres ligne
Ondergrondse spoorweg / U-Bahn		Subway / Métro
Ondergrondse spoorweg in aanleg / U-Bahn in Bau		Subway under construction / Métro en construction
Tram - Buslijn / Straßenbahn - Buslinie		Tramway - Bus-route / Tramway - Ligne d'autobus
Autoveer - Veerpont / Autofähre - Personenfähre		Car ferry - Passenger ferry / Bac pour automobiles - Bac pour piétonnes
Aanlegplaats - Sluis / Anlegestelle - Schleuse		Landing stage - Lock / Embarcadère - Écluse
Bezienswaardige kerk - Kerk / Sehenswerte Kirche - Kirche		Church of interest - Church / Église remarquable - Église
Synagoge - Moskee / Synagoge - Moschee		Synagogue - Mosque / Synagogue - Mosquée
Monument - Politiebureau / Denkmal - Polizeistation		Monument - Police station / Monument - Poste de police
Postkantoor / Postamt		Post office / Bureau de poste
Ziekenhuis - Jeugdherberg / Krankenhaus - Jugendherberge		Hospital - Youth hostel / Hôpital - Auberge de jeunesse
Vliegveldbus - Kampeerterrein / Flughafenbus - Campingplatz		Airport bus - Camping site / Bus d'aéroport - Terrain de camping
Windmolen / Windmühle		Windmill / Moulin à vent
Bebouwing - Openbaar gebouw / Bebaute Fläche - Öffentliches Gebäude		Built-up area - Public building / Zone bâtie - Bâtiment public
Industrieterrein - Park, bos / Industriegelände - Park, Wald		Industrial area - Park, forest / Zone industrielle - Parc, bois
Wandelingen door de stad / Stadtspaziergänge		Walking tours / Promenades en ville
MARCO POLO Highlight		MARCO POLO Highlight

ALLE **MARCO POLO** REISEFÜHRER

REGISTER

In diesem Register sind alle im Reiseführer erwähnten Sehenswürdigkeiten und Ausflugsziele, einige wichtige Straßen, Plätze sowie Stichworte aufgeführt. Gefettete Seitenzahlen verweisen auf den Haupteintrag.